Fotografia di Guerra

Rievocazione sul Fronte del Monte Grappa

Rievocazione Storica con Soldati nelle Trincee del Monte Palon, sulla prima linea del Massiccio del Grappa

ROBERTO CAVASIN

www.fotografodiguerra.it

Fotografia di Guerra - Rievocazione sul Fronte del Monte Grappa

Copyright © 2021 Roberto Cavasin

Tutti i diritti riservati.

Codice ISBN: 9798585170614

BEBICA

A tutti i caduti di ogni Guerra, a chi li Ricorda e a chi li Rispetta:

Roberto Cavasin

Fotografia di Guerra - Rievocazione sul Fronte del Monte Grappa

UN VIAGGIO NEL TEMPO NELLA GRANDE GUERRA
LA LINEA DEL MONTE GRAPPA

Con la rottura del fronte dopo la battaglia di Caporetto ed il conseguente ripiegamento delle truppe italiane sulla linea del fiume Piave, il Monte Grappa divenne la prima linea di sbarramento del settore montano.

La conquista del Monte Grappa e delle zone circostanti avrebbe permesso l'invasione della pianura veneta da parte dell'esercito Austroungarico compromettendo anche la linea del Piave.

Nelle foto presenti in questo Libro potrete vedere dei rievocatori Storici in divisa della prima Guerra mondiale di entrambi gli eserciti nelle trincee del Monte Palon, montagna prossima al Monte Grappa, dove sono state recuperate chilometri di trincee oltre a numerose gallerie e ricoveri della Grande Guerra.

Le fotografie sono state scattate in occasione di un cortometraggio "Attimi Eterni" e le foto sono state elaborate per sembrare il più possibile di quel periodo storico.

Vedrete foto di quotidianità, di attesa ma anche di combattimento, in un totale di 42 fotografie con i rievocatori Storici di "Il Nuovo Fronte – Gruppo di Rievocazione Storica" scattate nel 2020.

Fotografia di Guerra - Rievocazione sul Fronte del Monte Grappa
Fotografia di Guerra - Rievocazione sul Fronte del Monte Grappa

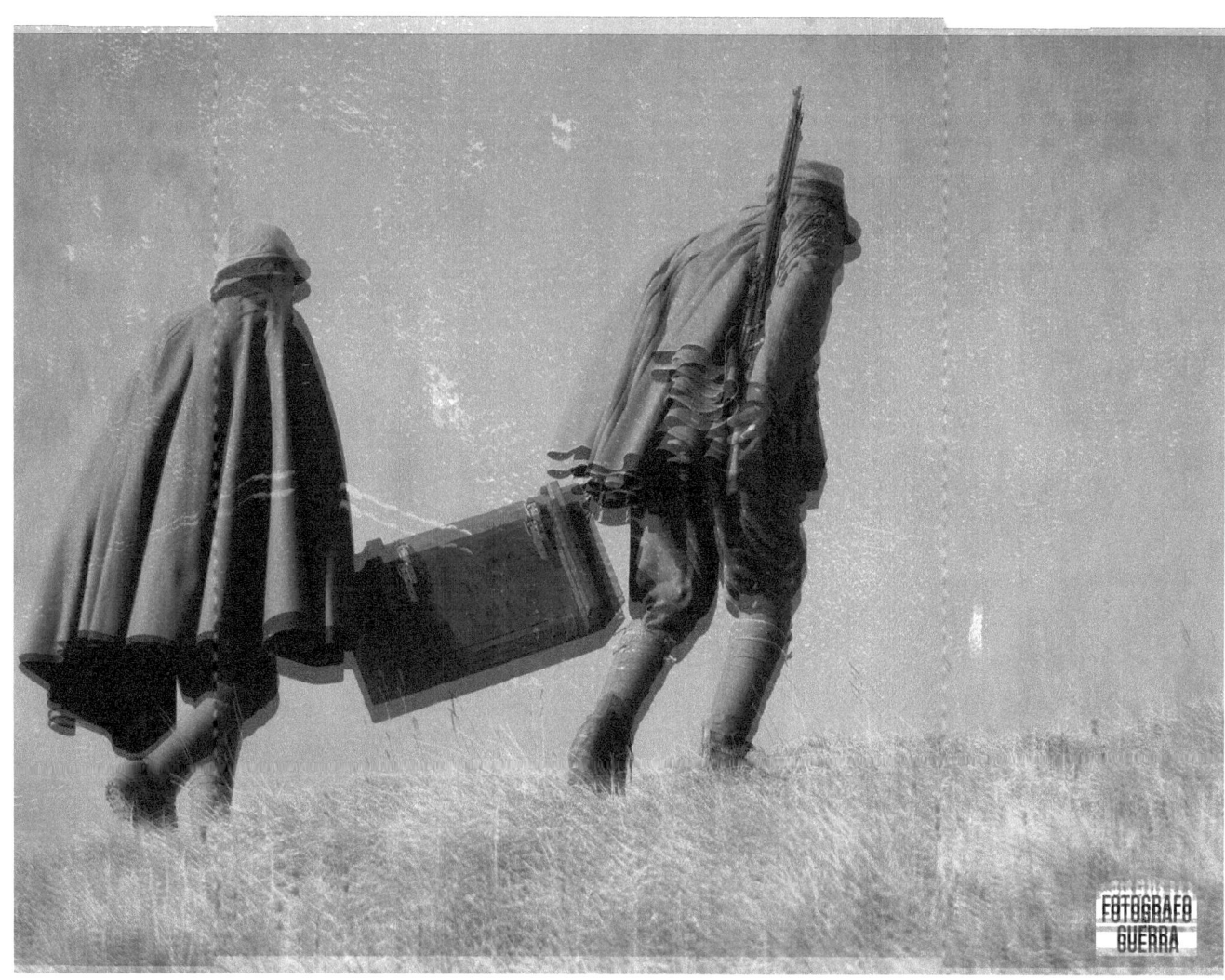

Fotografia di Guerra - Rievocazione sul Fronte del Monte Grappa

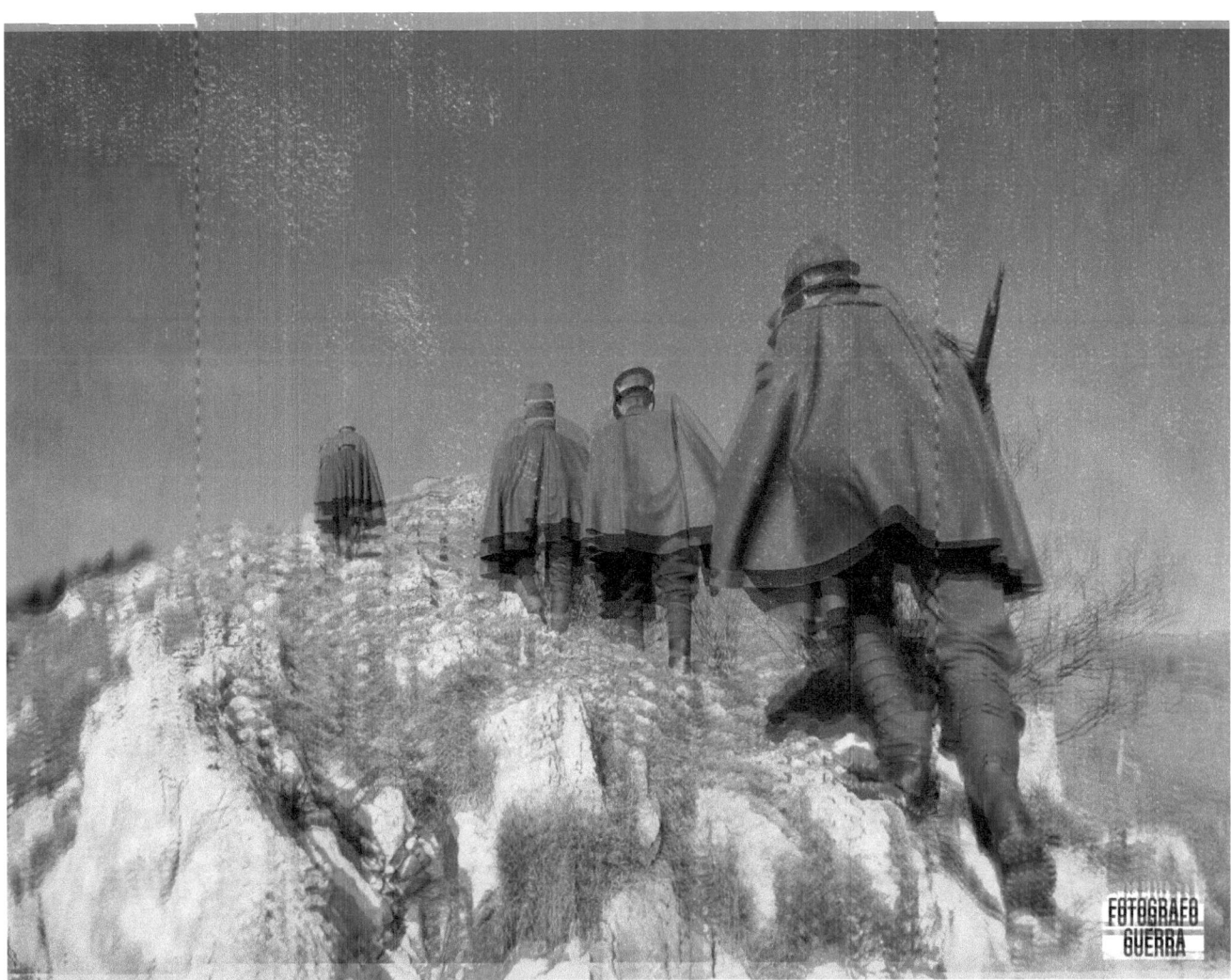

Fotografia di Guerra - Rievocazione sul Fronte del Monte Grappa

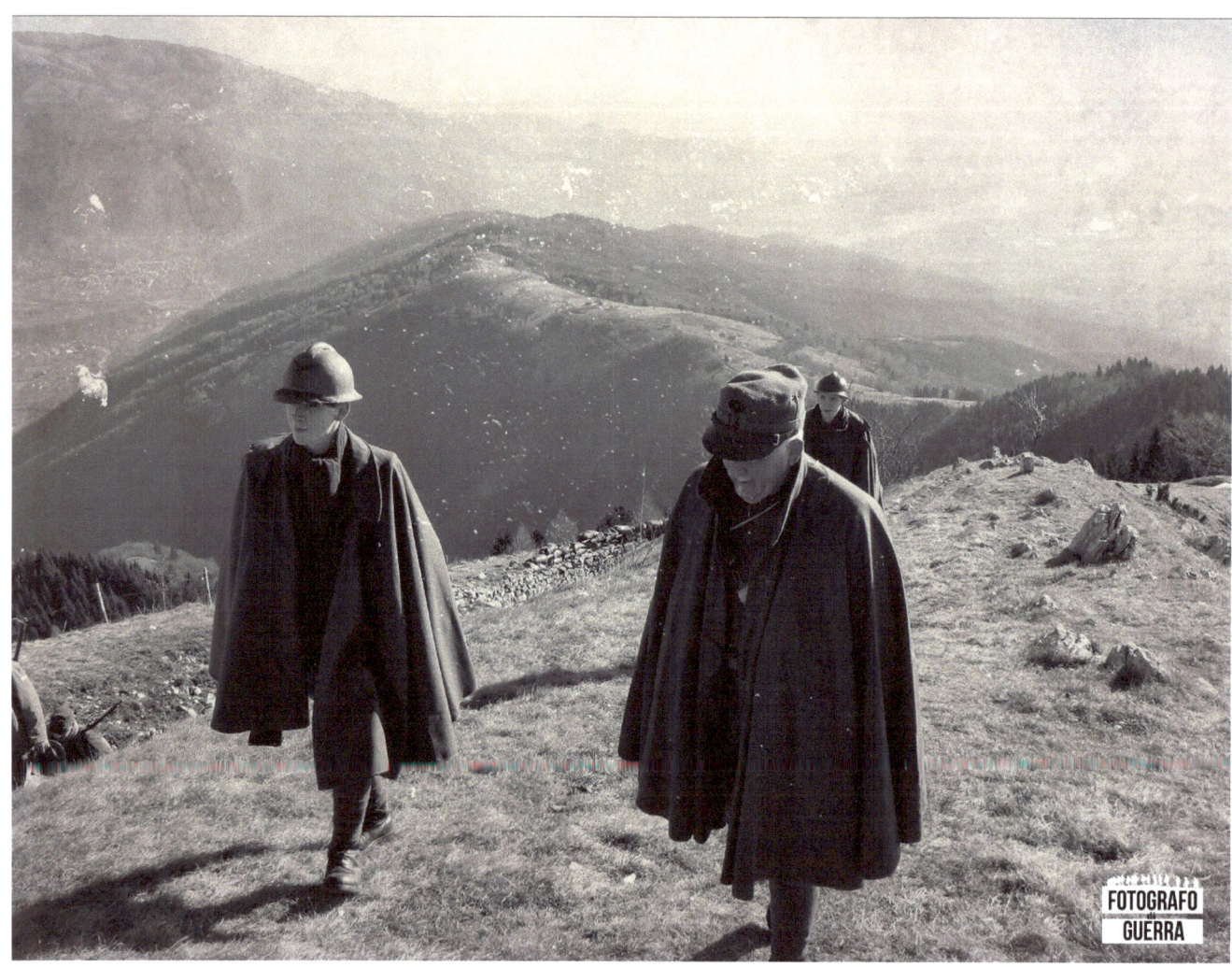

Fotografia di Guerra - Rievocazione sul Fronte del Monte Grappa

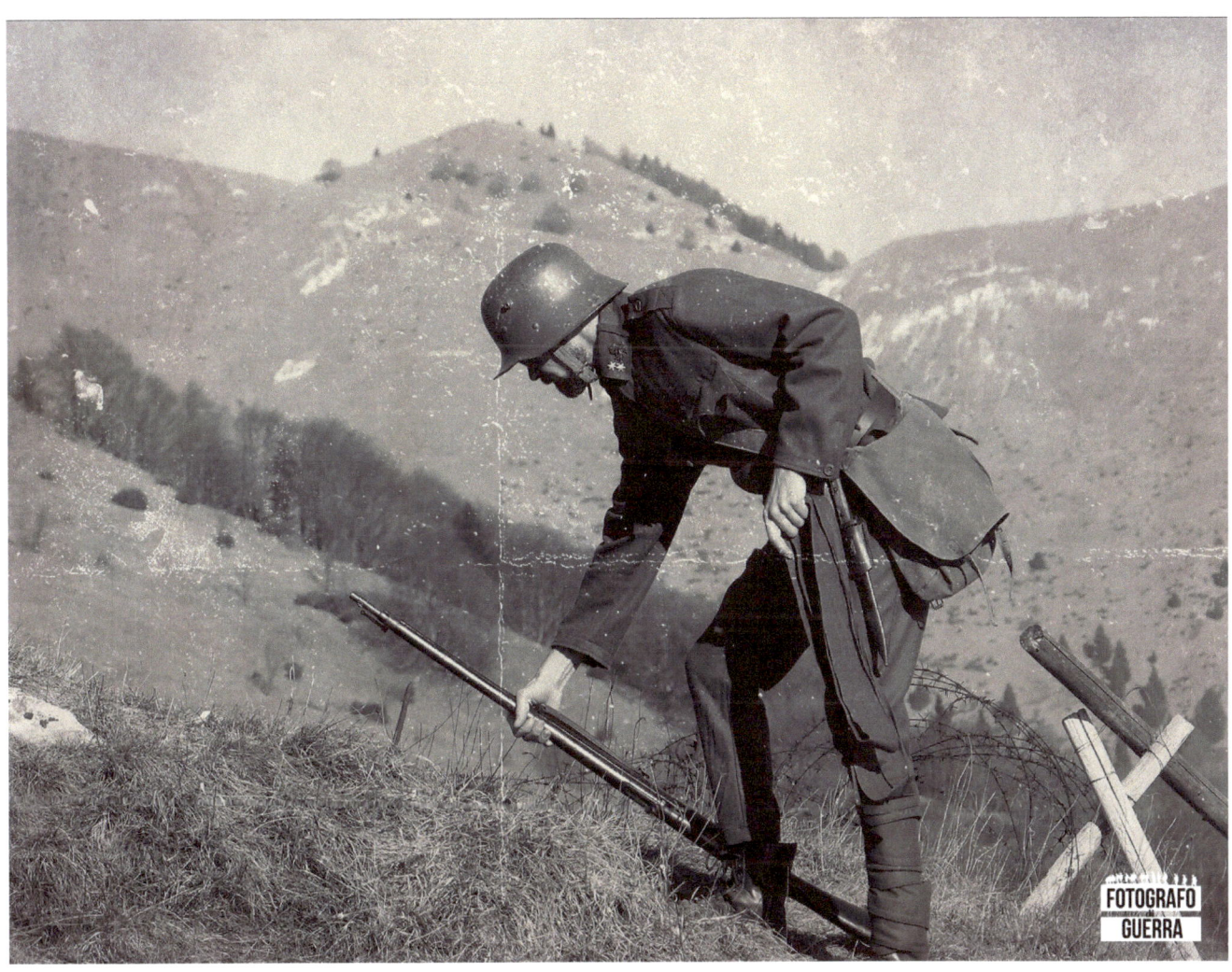

Fotografia di Guerra - Rievocazione sul Fronte del Monte Grappa

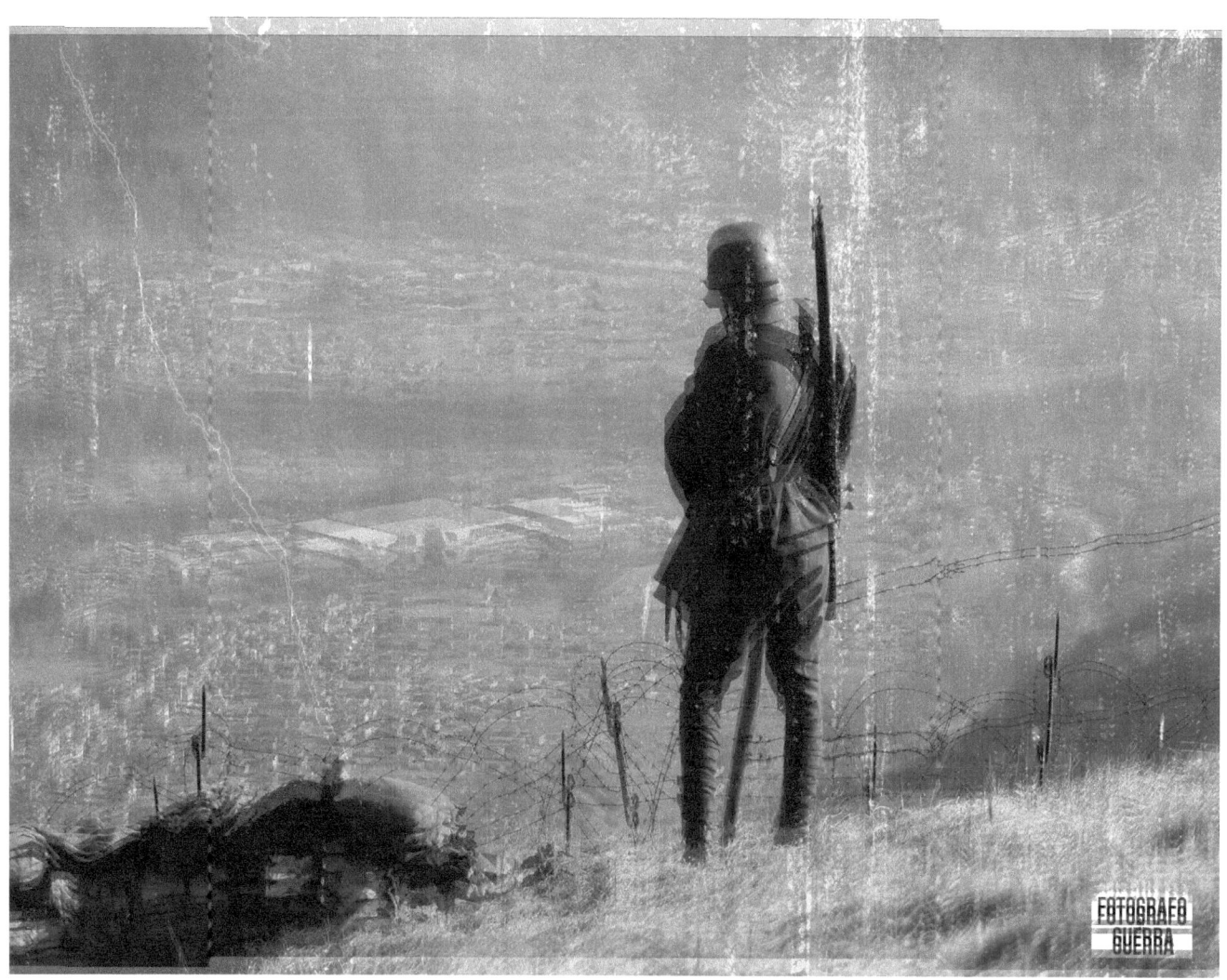

Fotografia di Guerra - Rievocazione sul Fronte del Monte Grappa

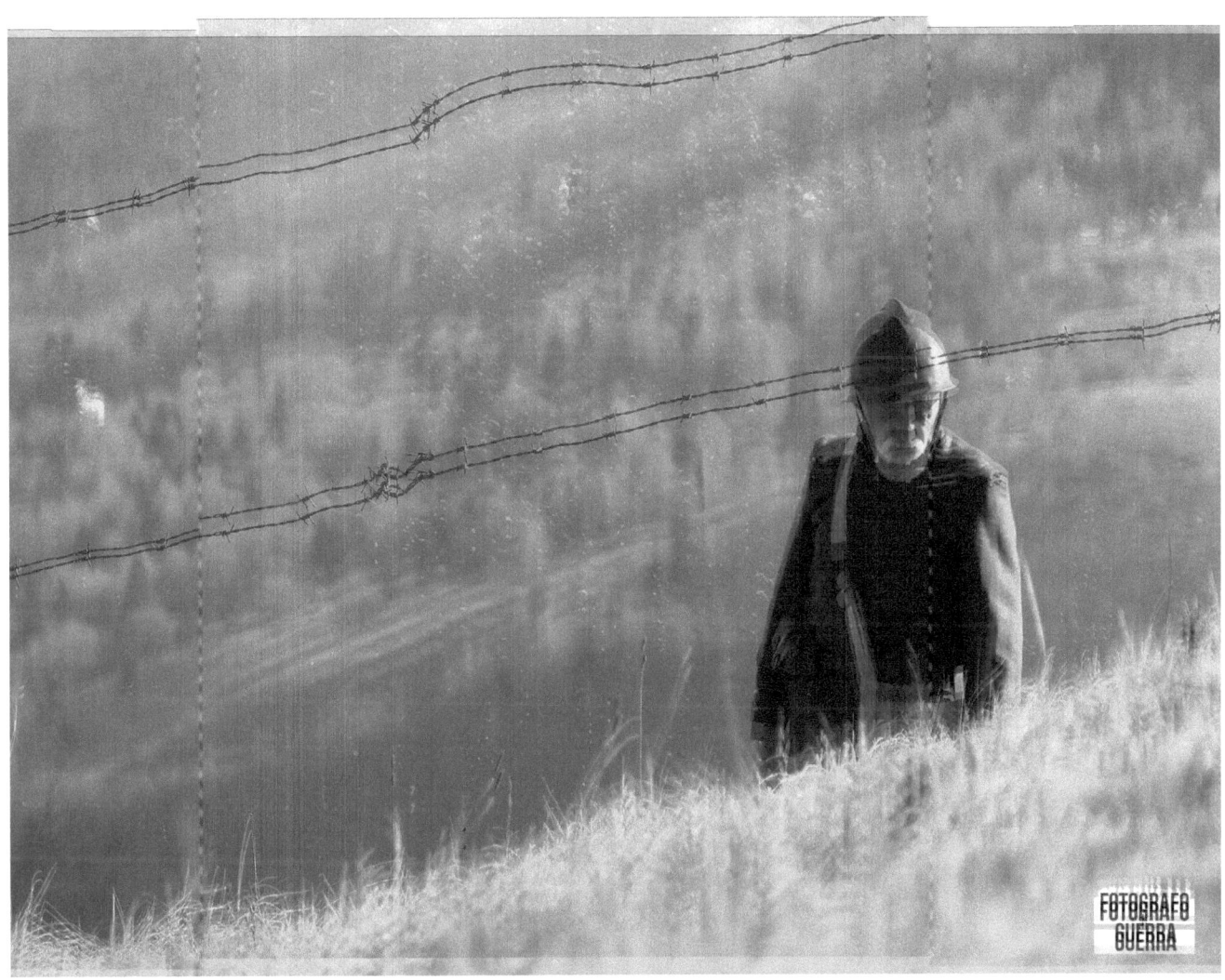

Fotografia di Guerra - Rievocazione sul Fronte del Monte Grappa

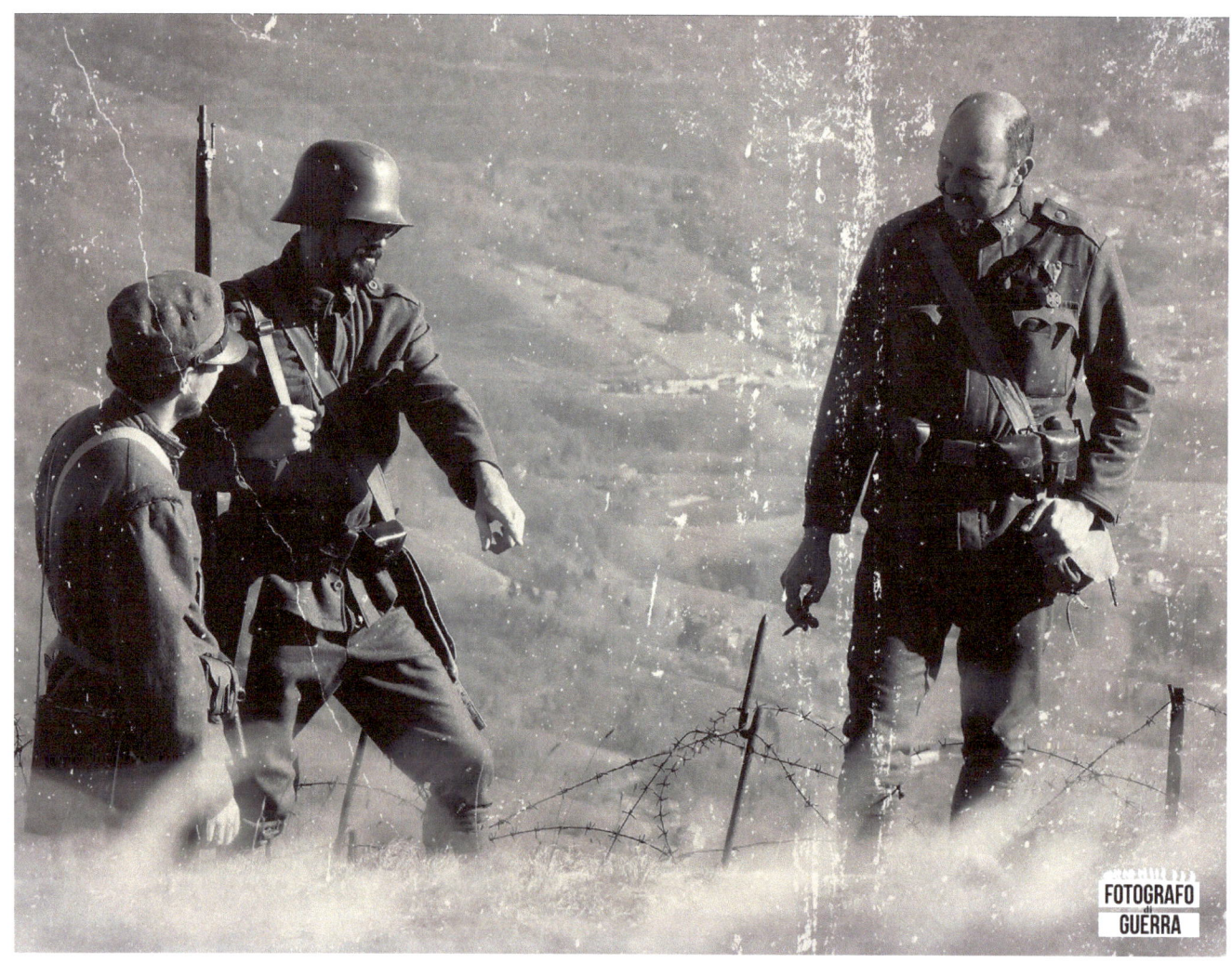

Fotografia di Guerra - Rievocazione sul Fronte del Monte Grappa

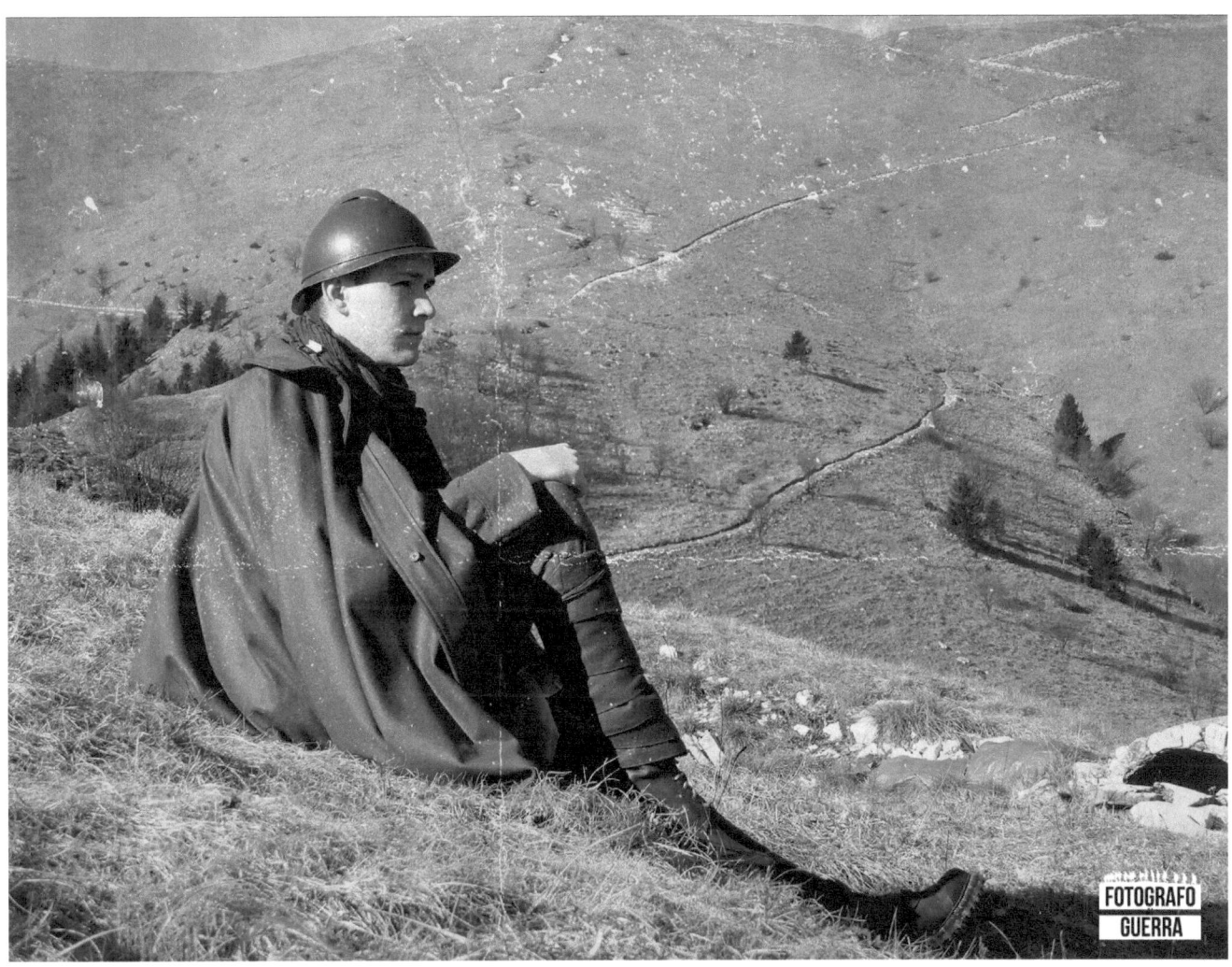

Fotografia di Guerra - Rievocazione sul Fronte del Monte Grappa

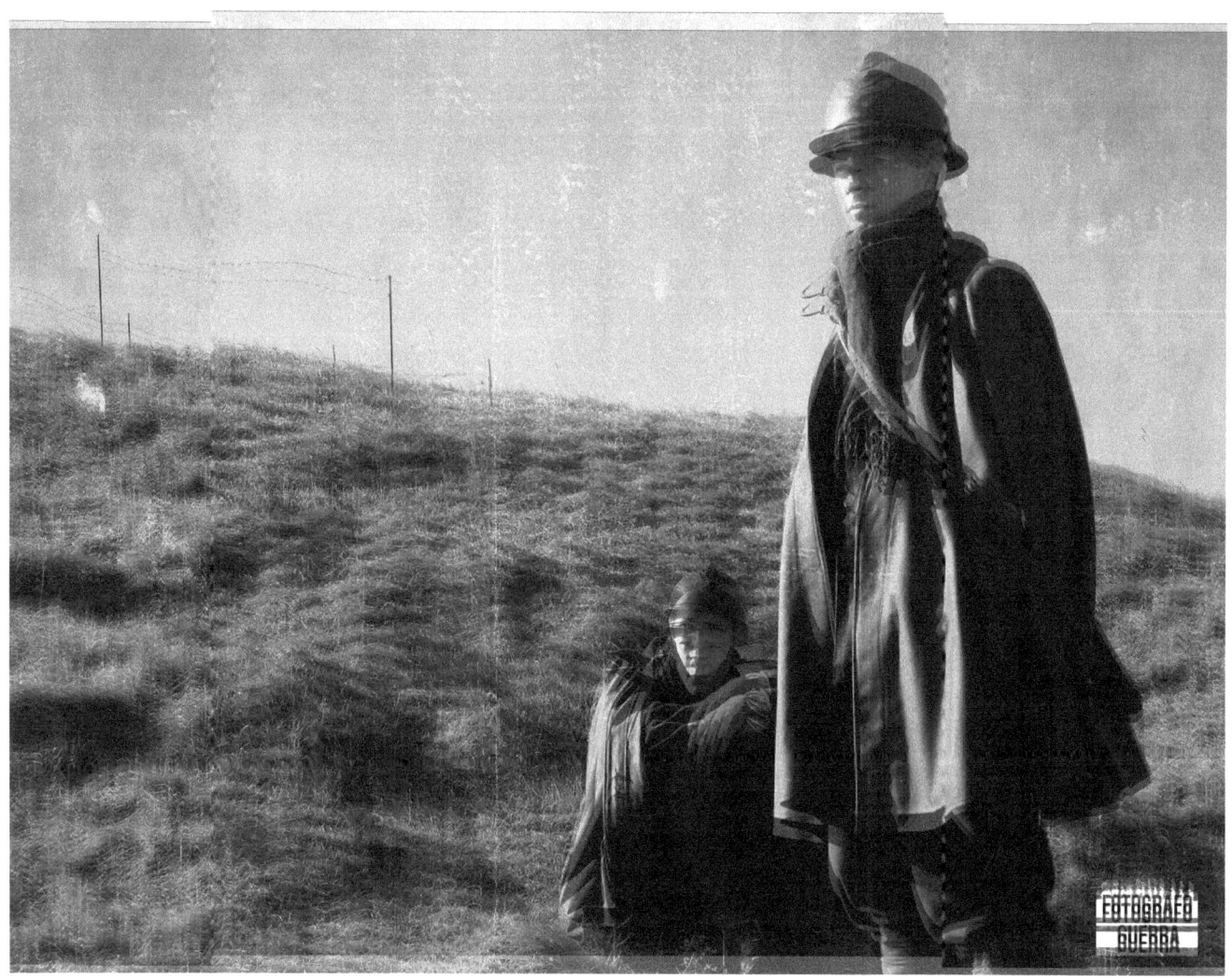

Fotografia di Guerra - Rievocazione sul Fronte del Monte Grappa

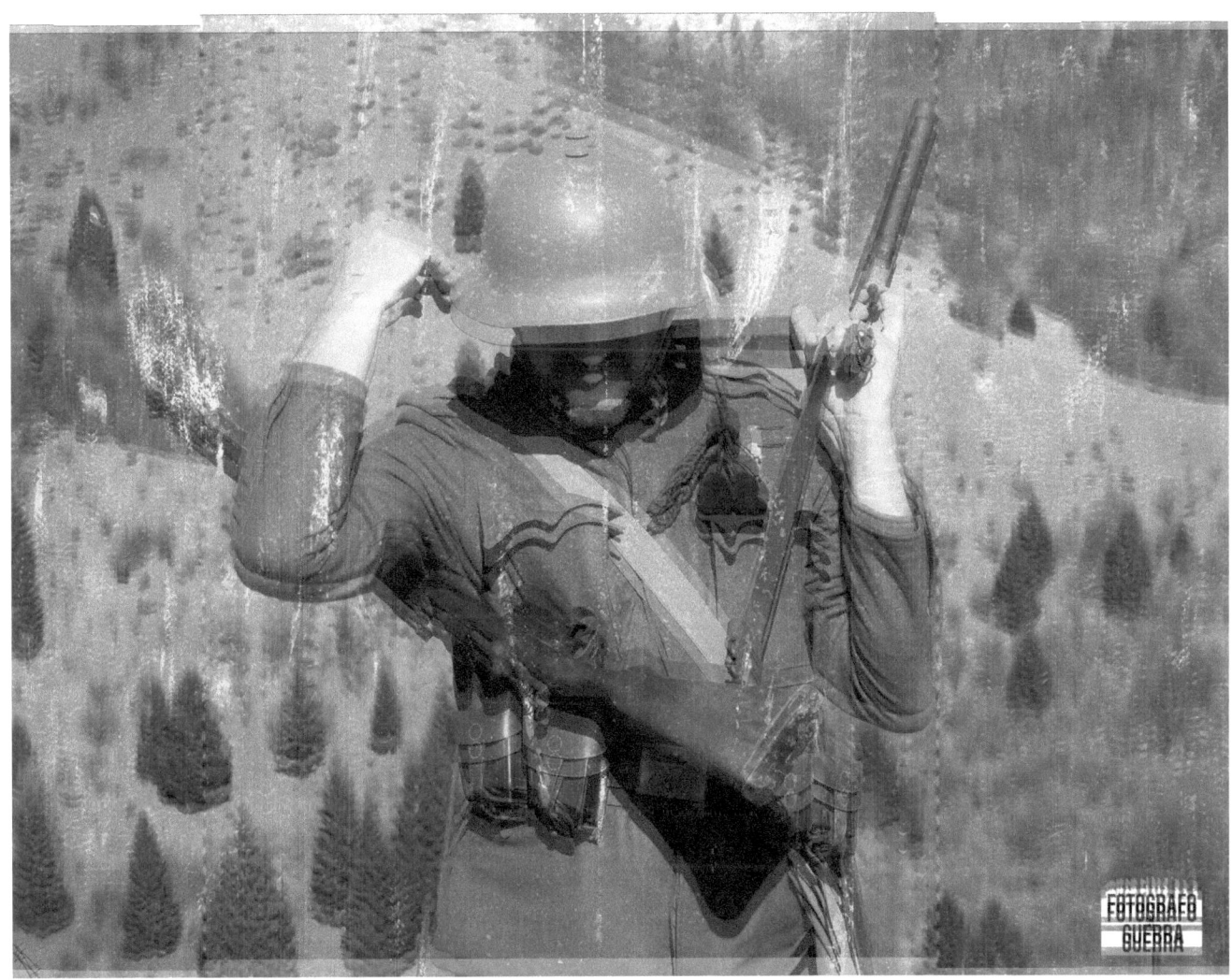

Fotografia di Guerra - Rievocazione sul Fronte del Monte Grappa

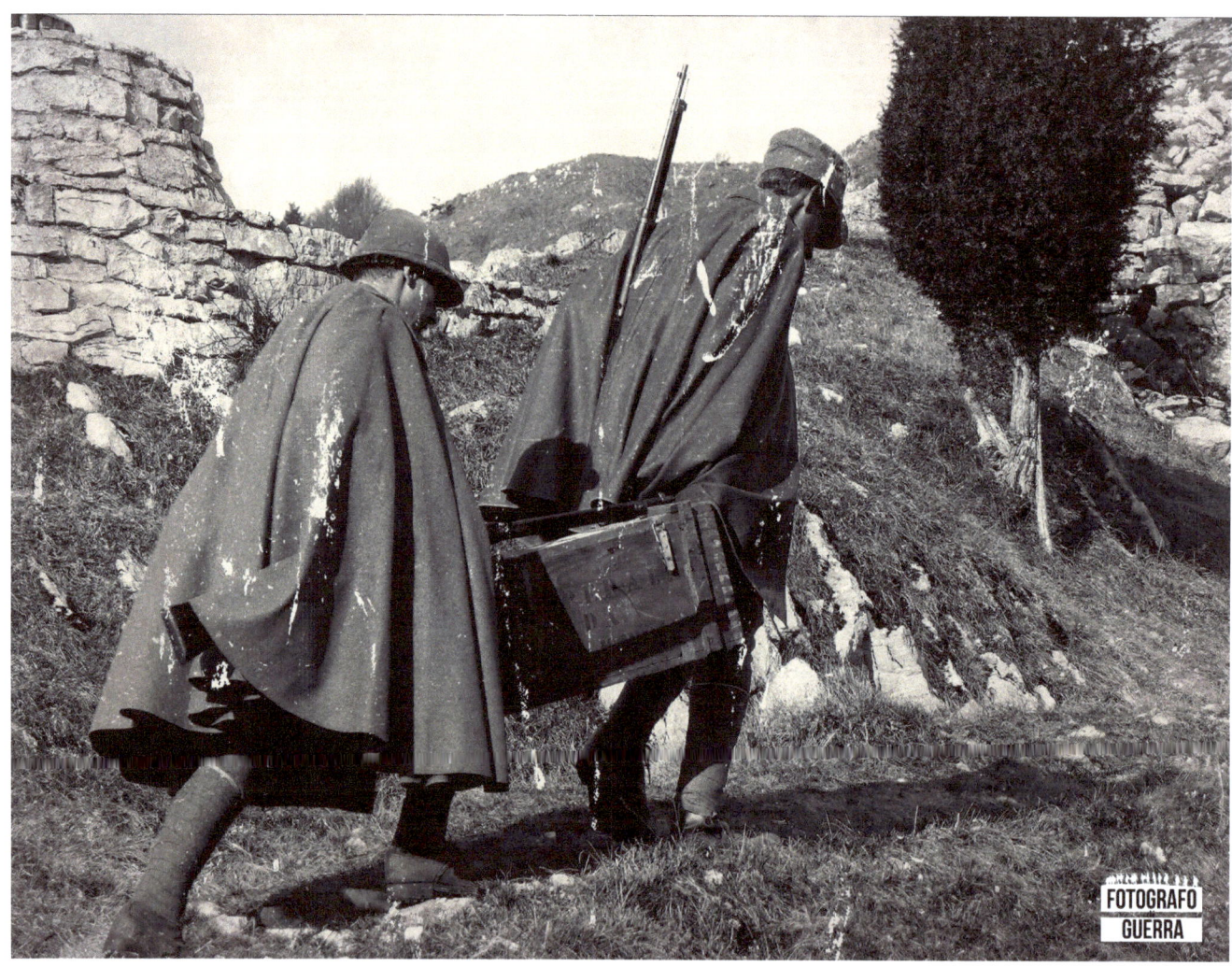

Fotografia di Guerra - Rievocazione sul Fronte del Monte Grappa

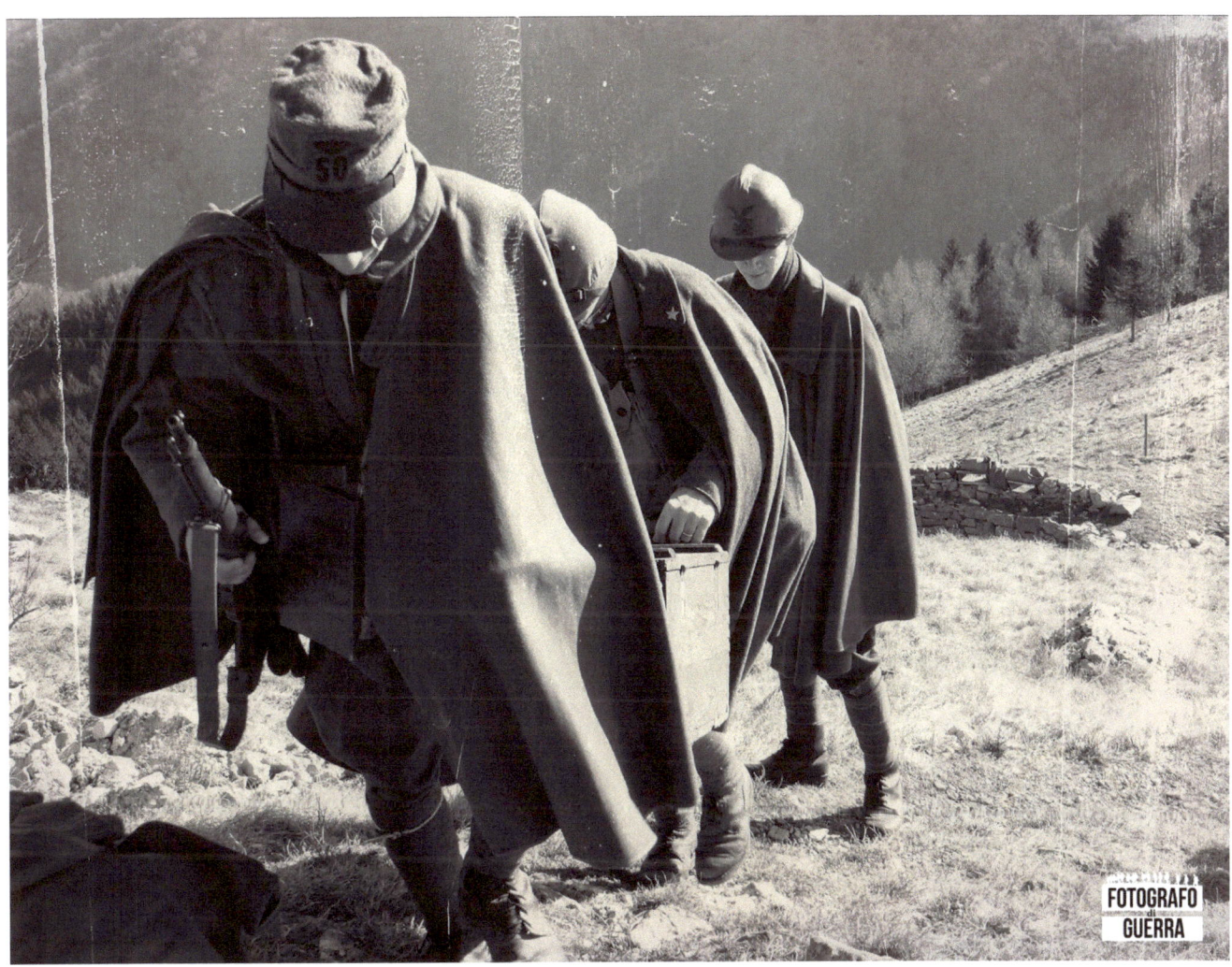

Fotografia di Guerra - Rievocazione sul Fronte del Monte Grappa

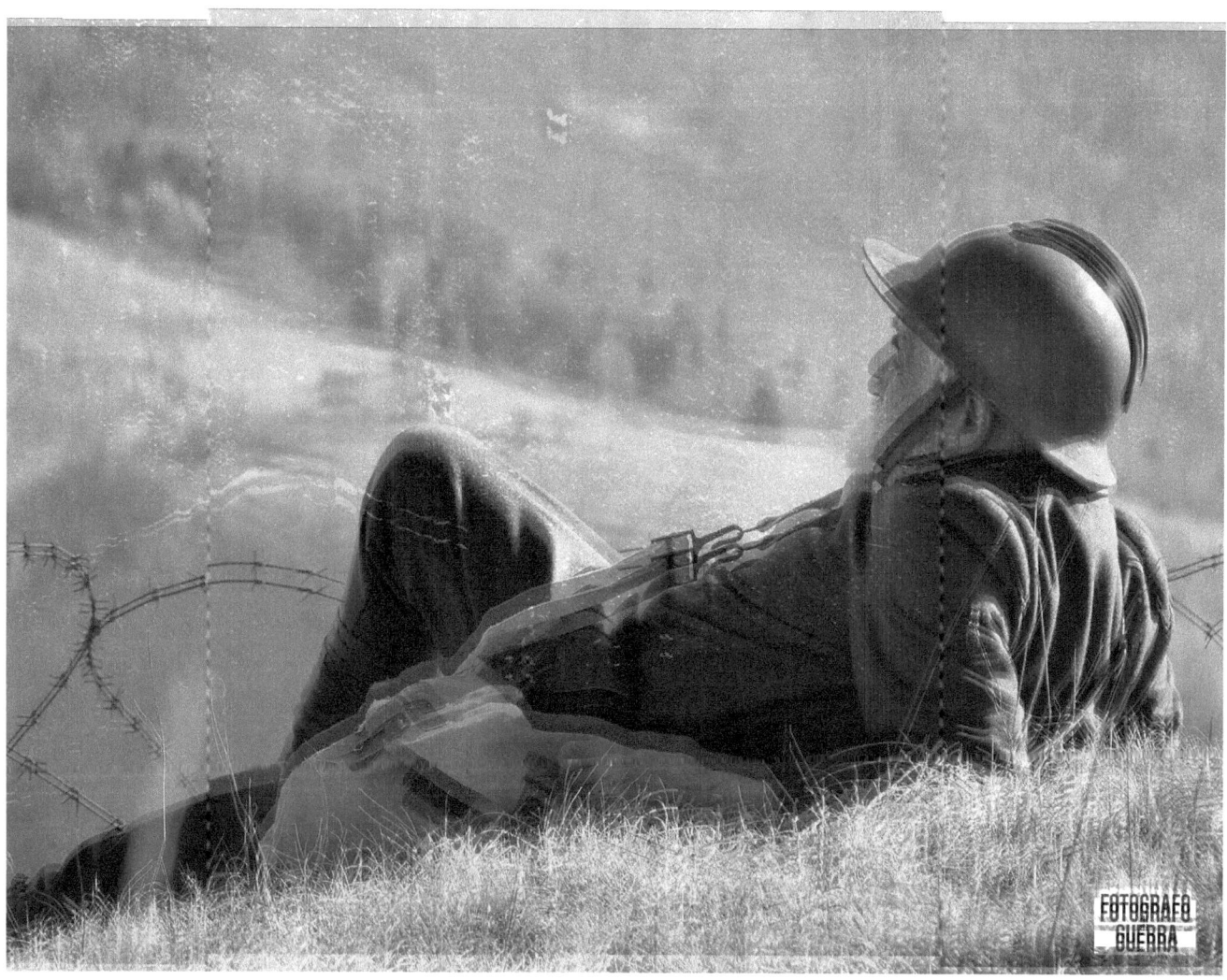

Fotografia di Guerra - Rievocazione sul Fronte del Monte Grappa

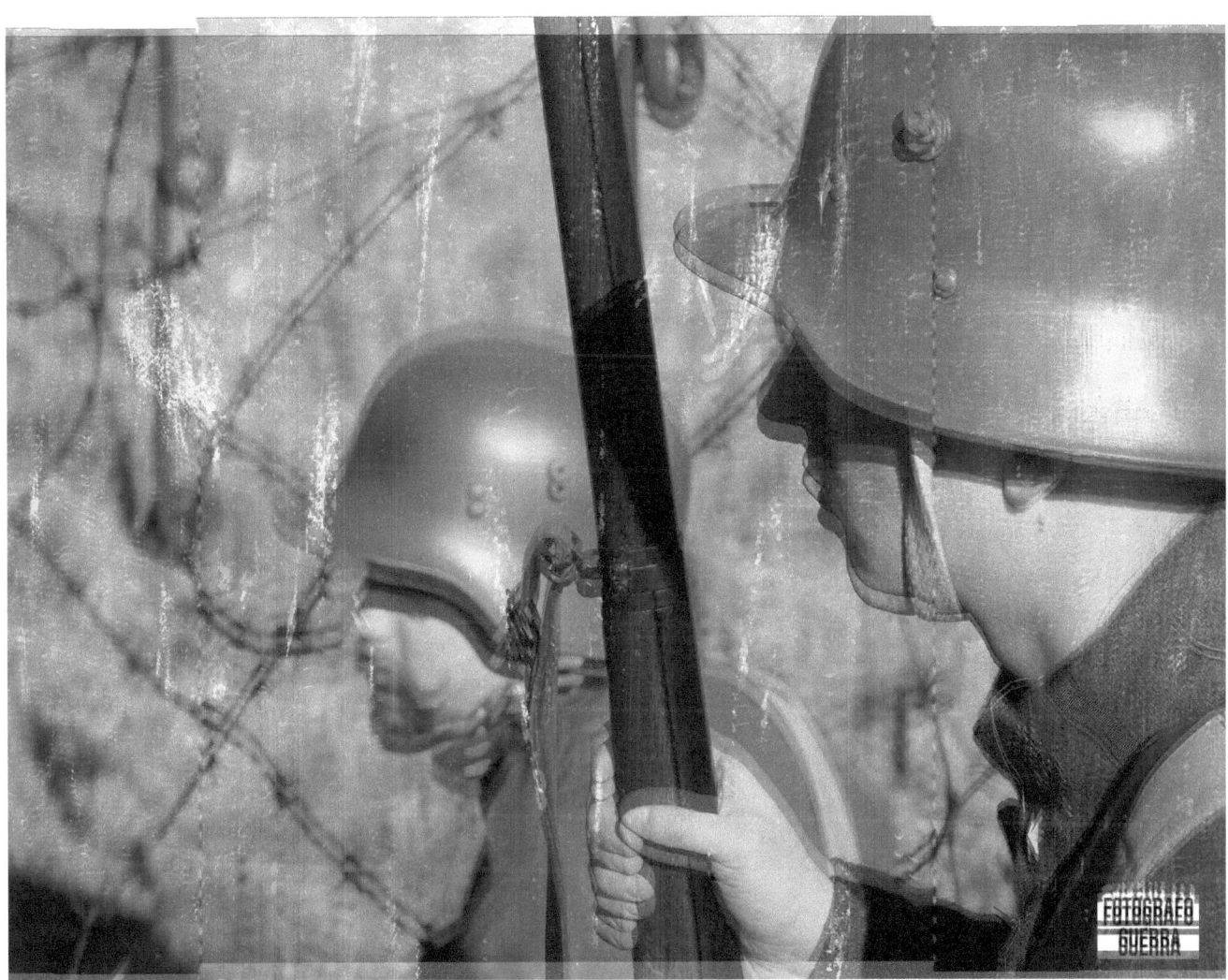

Fotografia di Guerra - Rievocazione sul Fronte del Monte Grappa

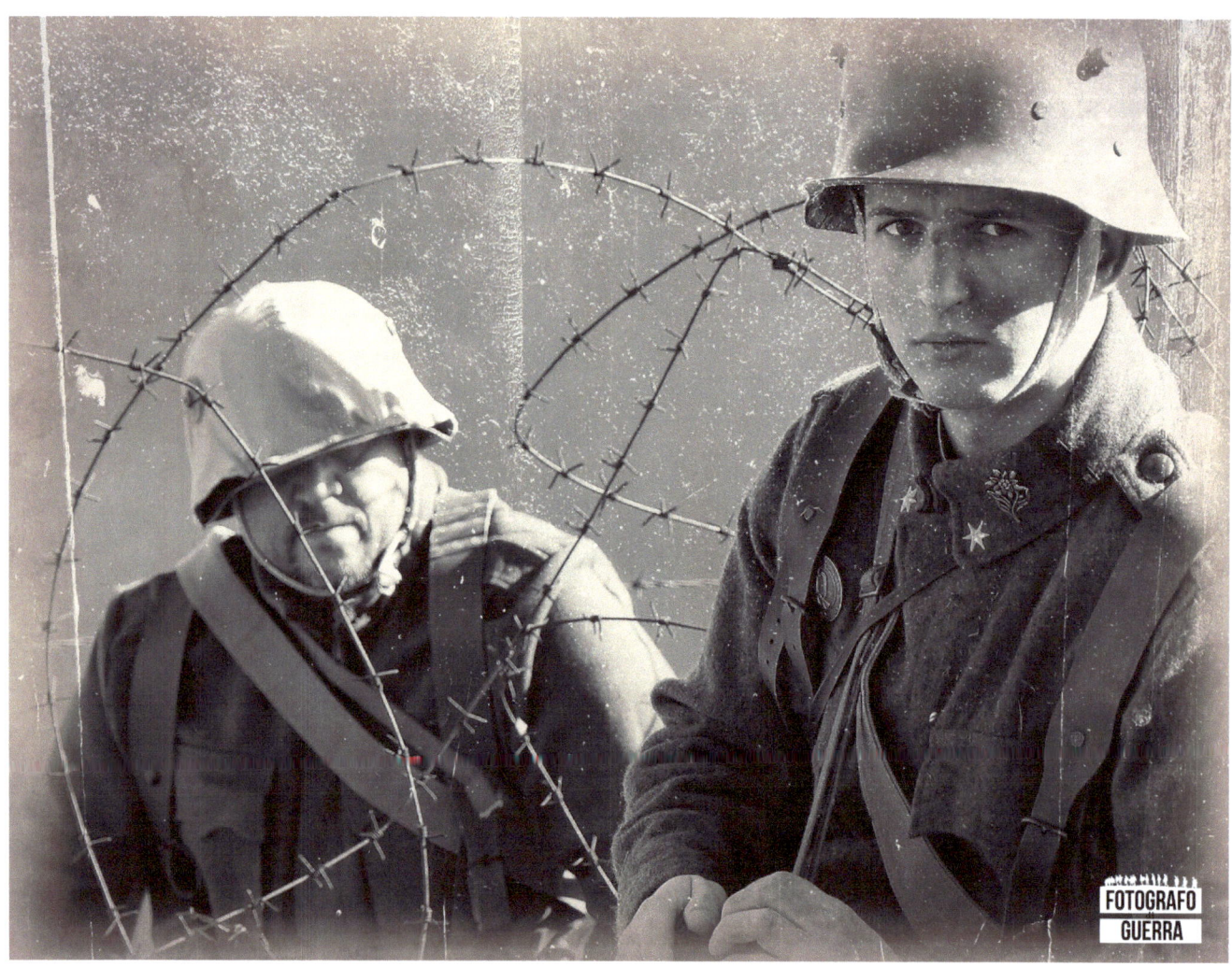

Fotografia di Guerra - Rievocazione sul Fronte del Monte Grappa

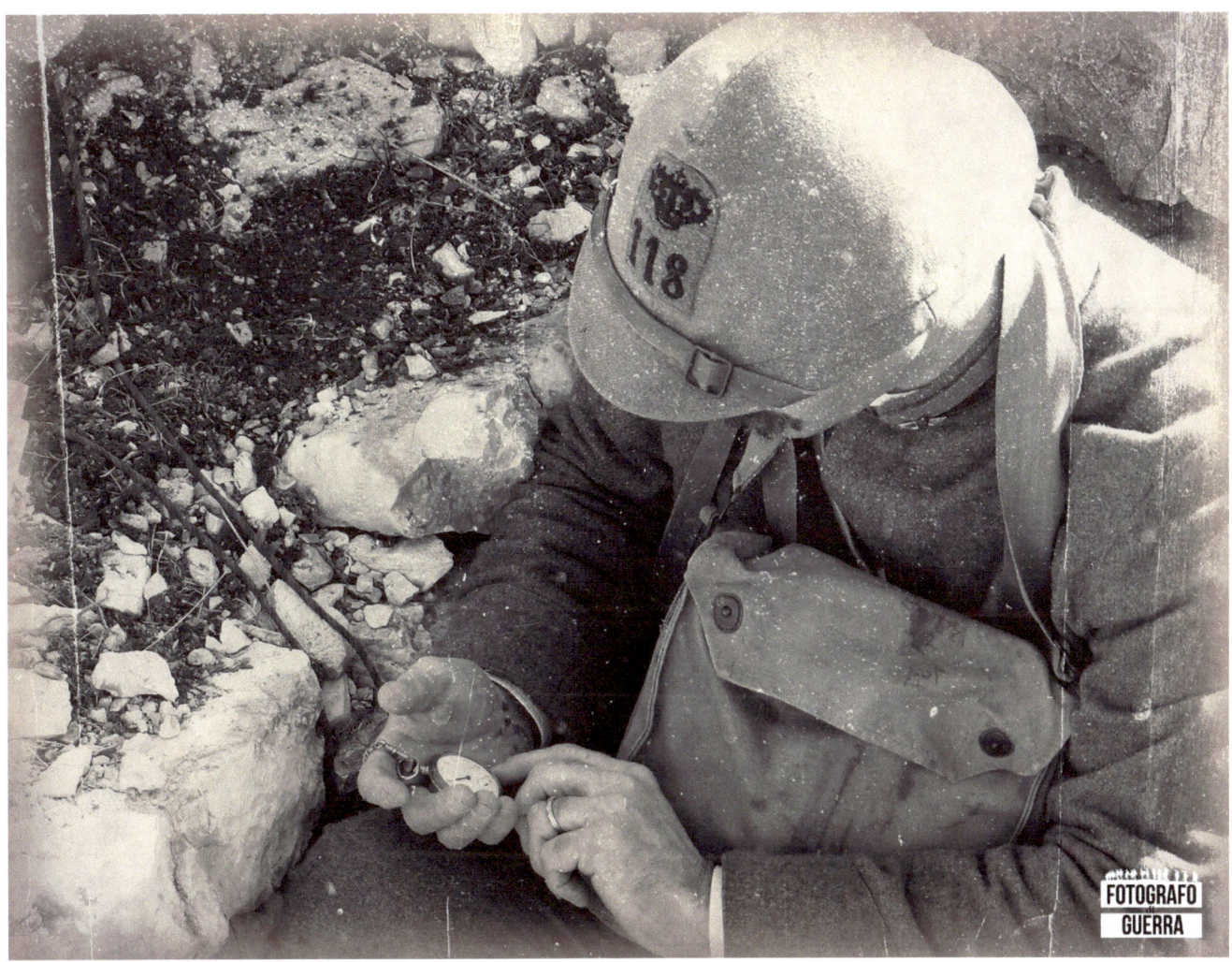

Fotografia di Guerra - Rievocazione sul Fronte del Monte Grappa

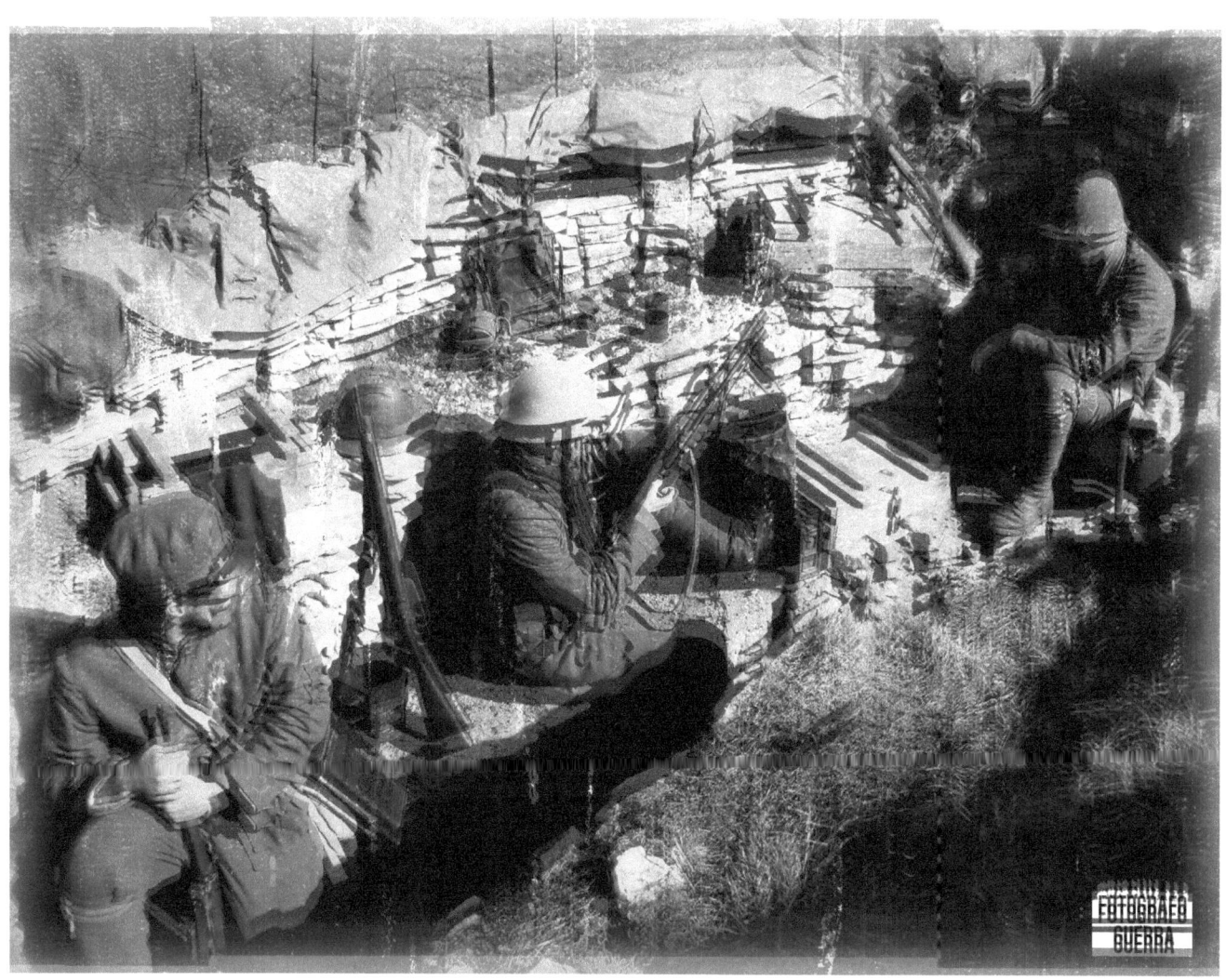

Fotografia di Guerra - Rievocazione sul Fronte del Monte Grappa

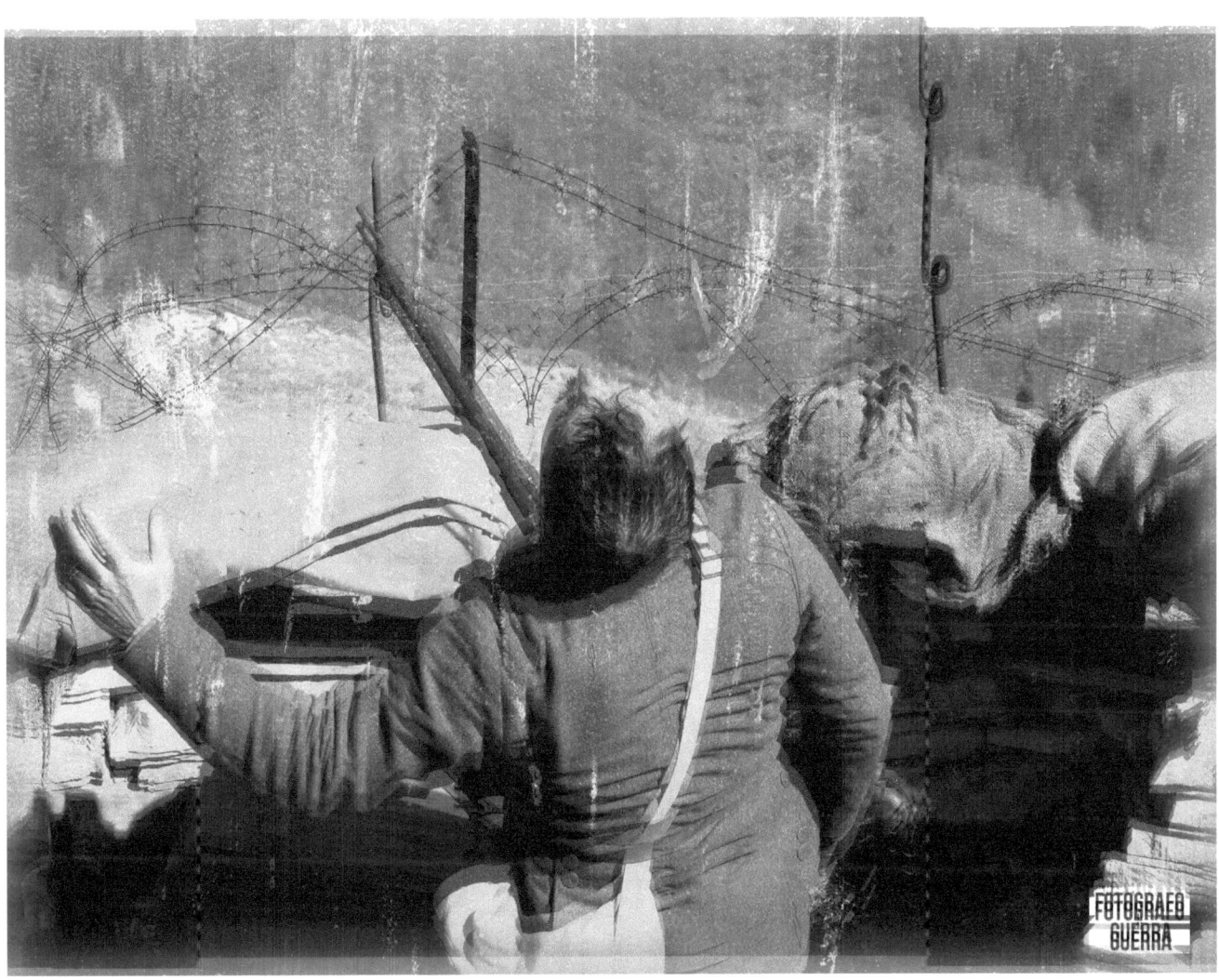

Fotografia di Guerra - Rievocazione sul Fronte del Monte Grappa

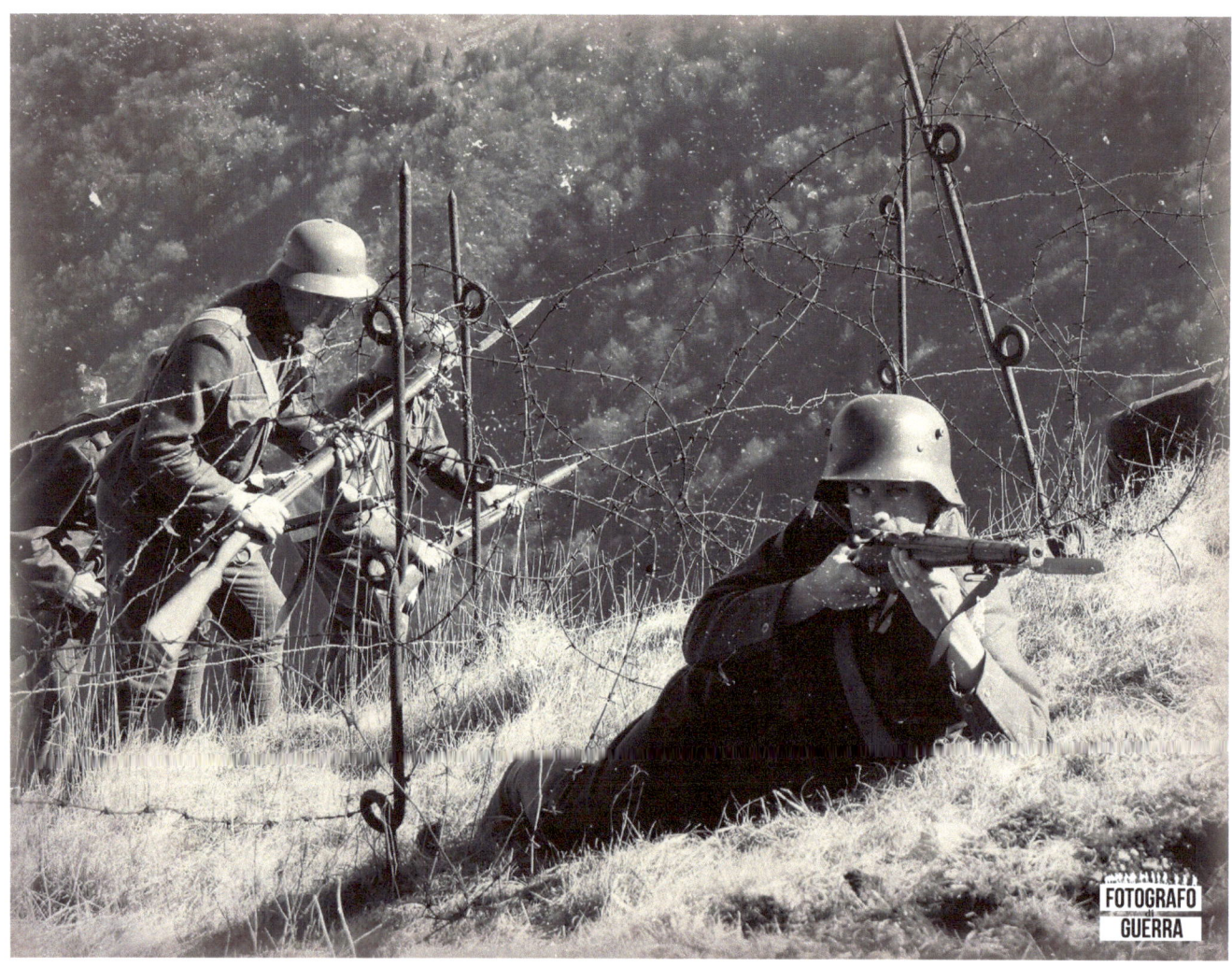

Fotografia di Guerra - Rievocazione sul Fronte del Monte Grappa

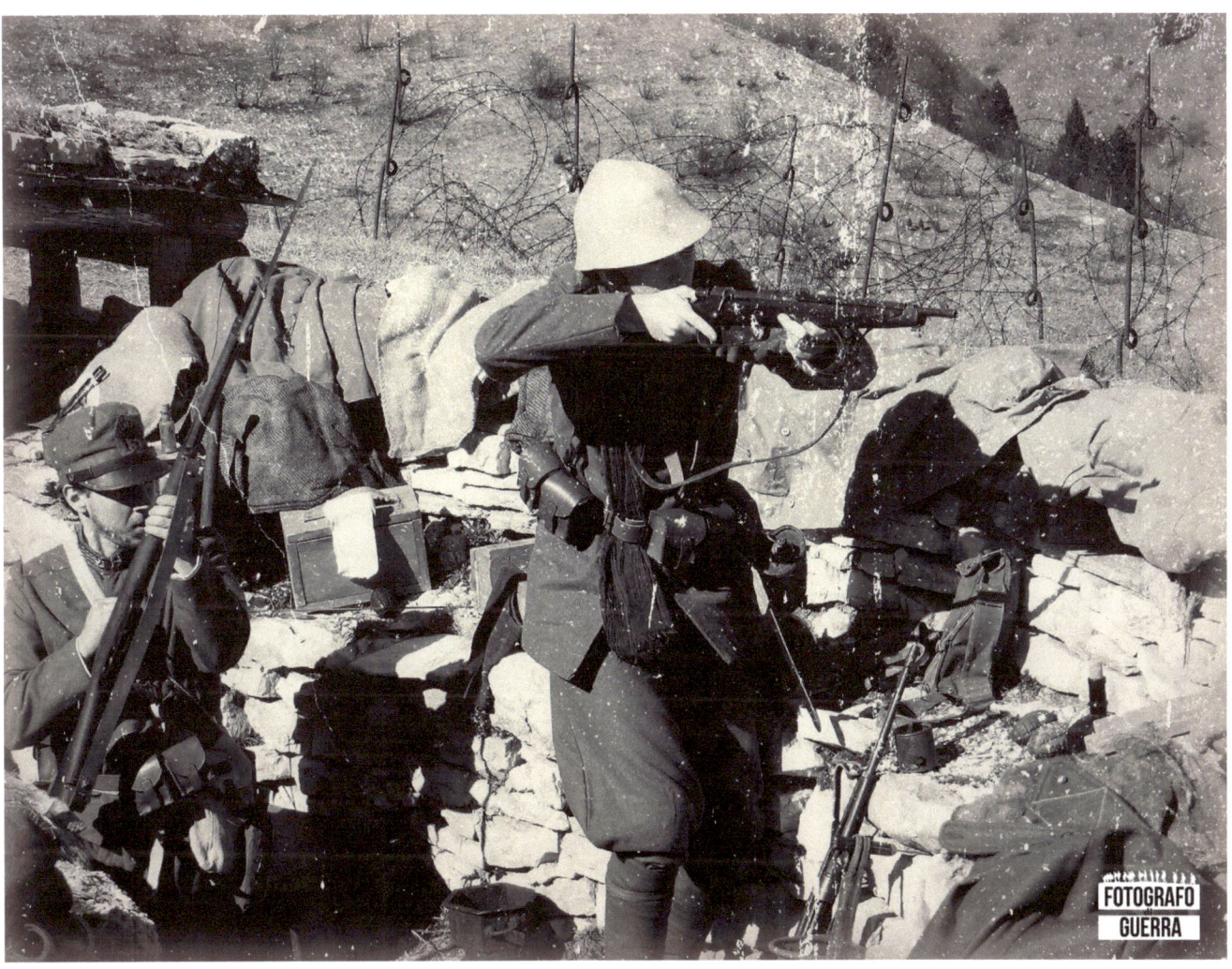

Fotografia di Guerra - Rievocazione sul Fronte del Monte Grappa

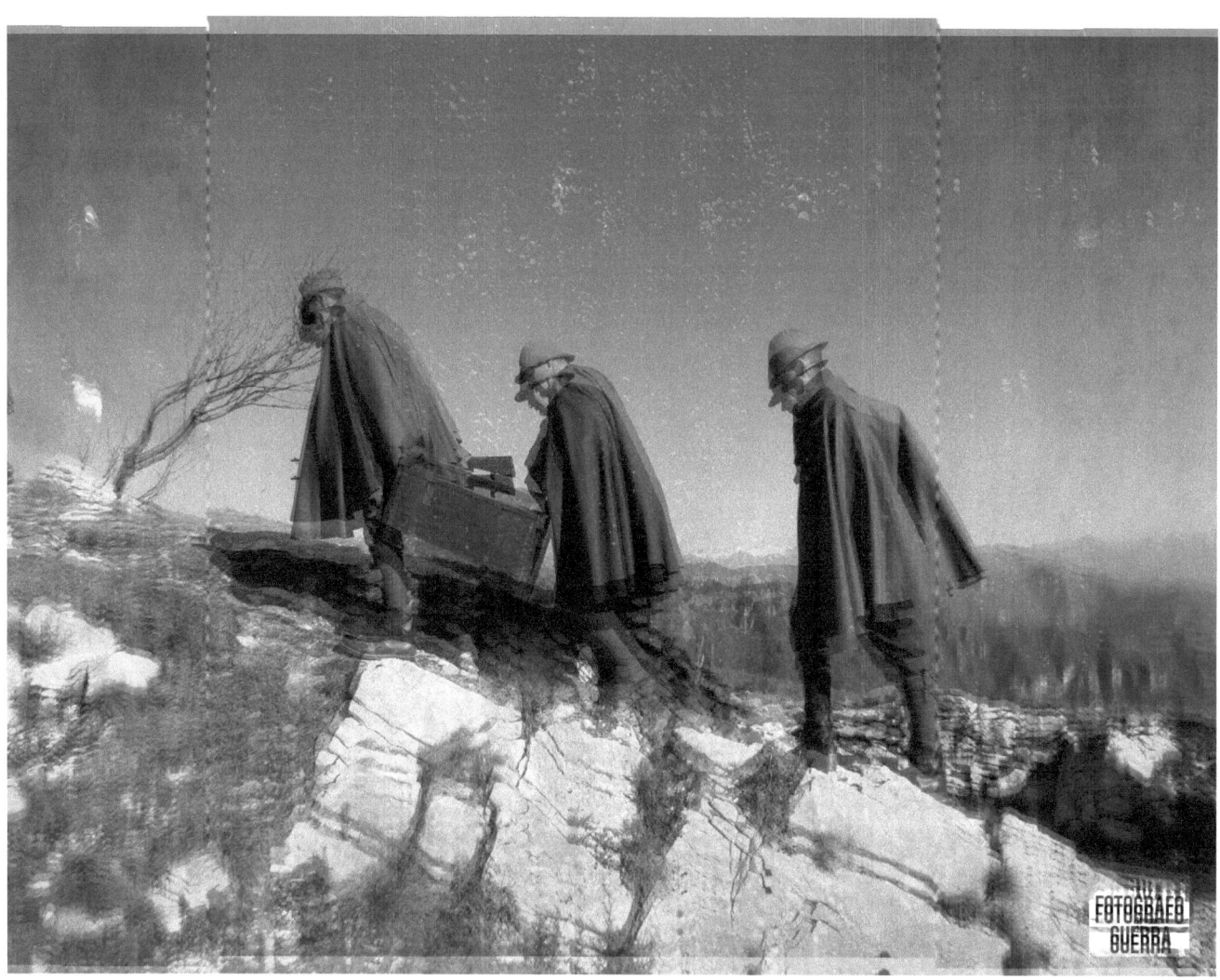

Fotografia di Guerra - Rievocazione sul Fronte del Monte Grappa

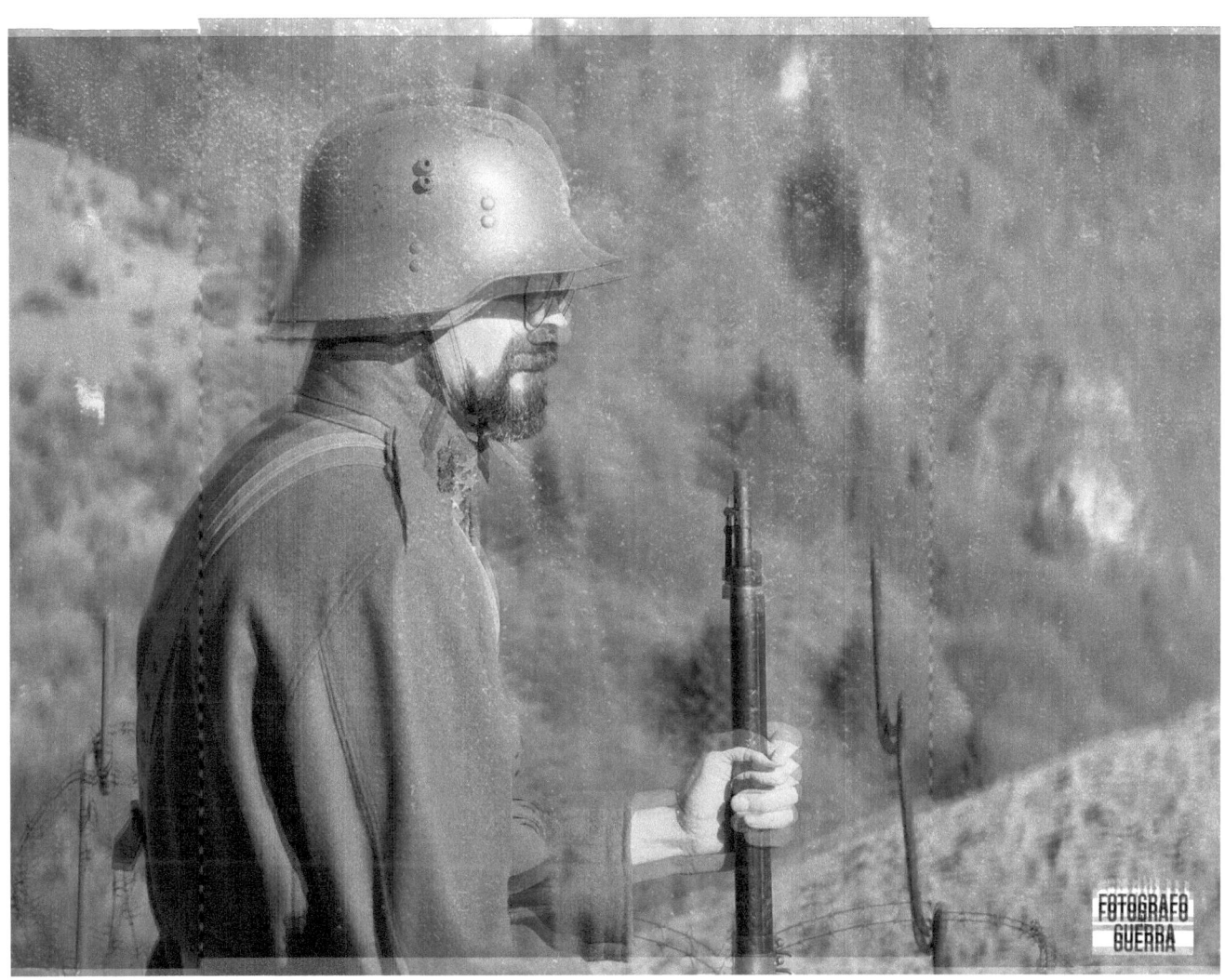

Fotografia di Guerra - Rievocazione sul Fronte del Monte Grappa

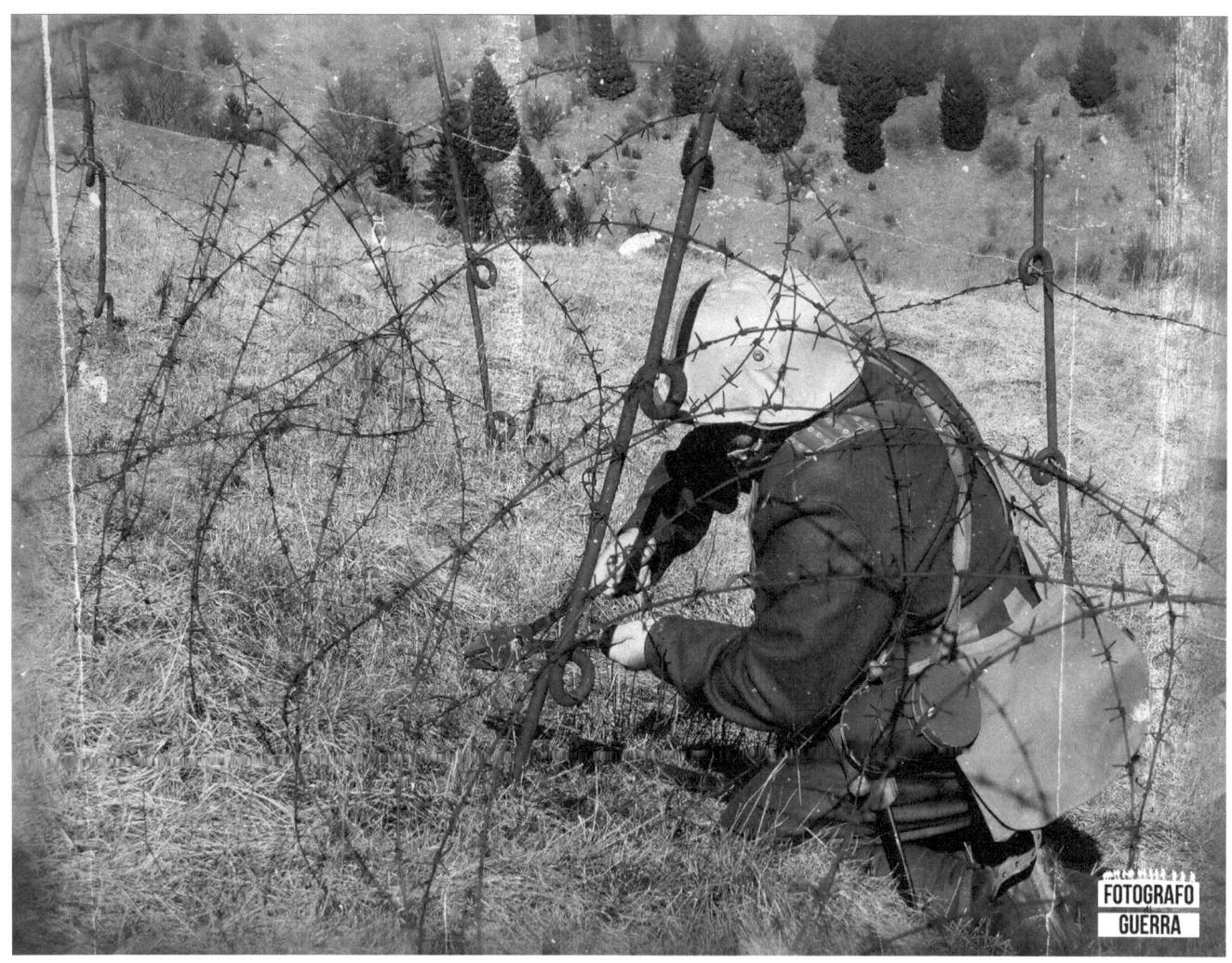

Fotografia di Guerra - Rievocazione sul Fronte del Monte Grappa

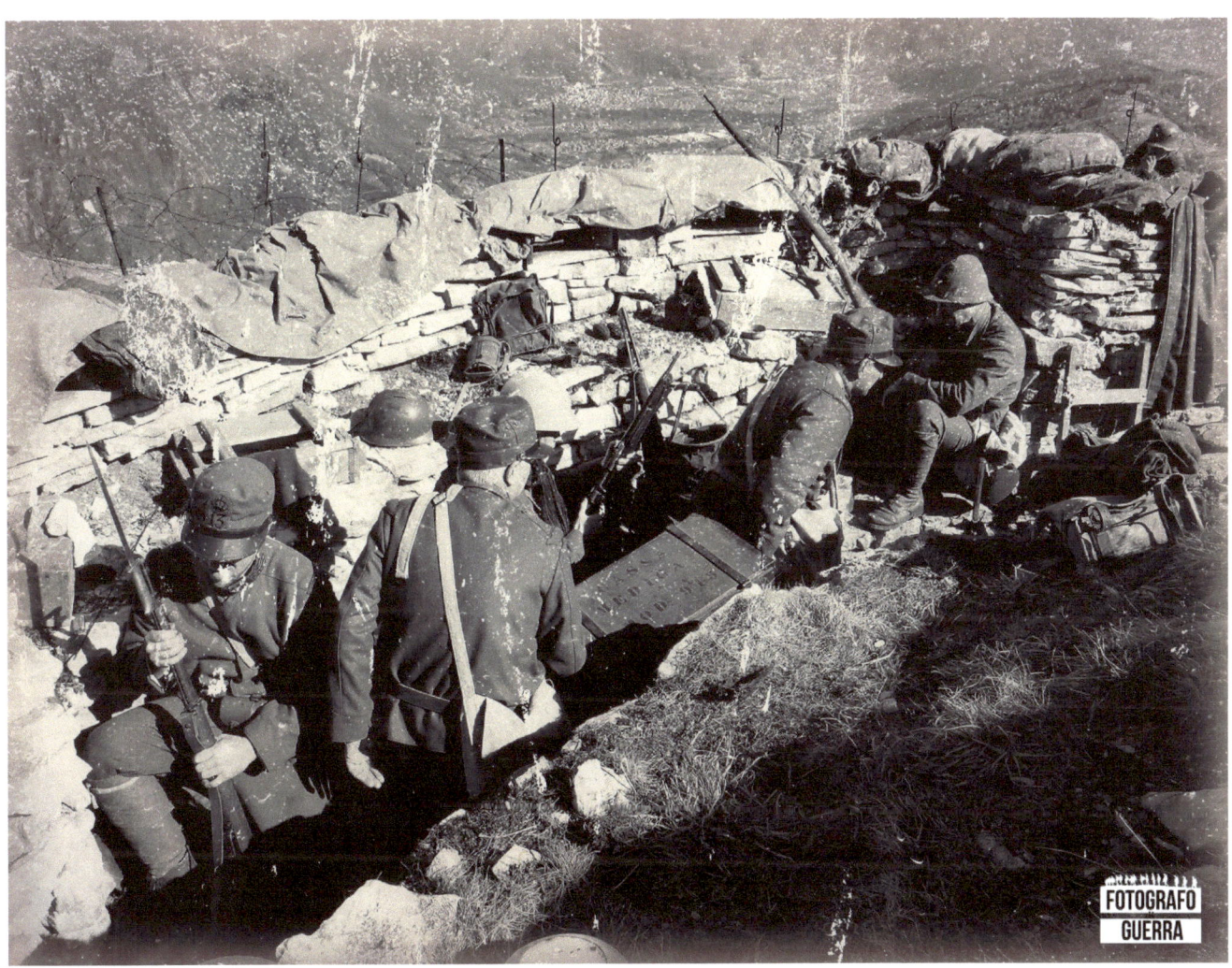

Fotografia di Guerra - Rievocazione sul Fronte del Monte Grappa

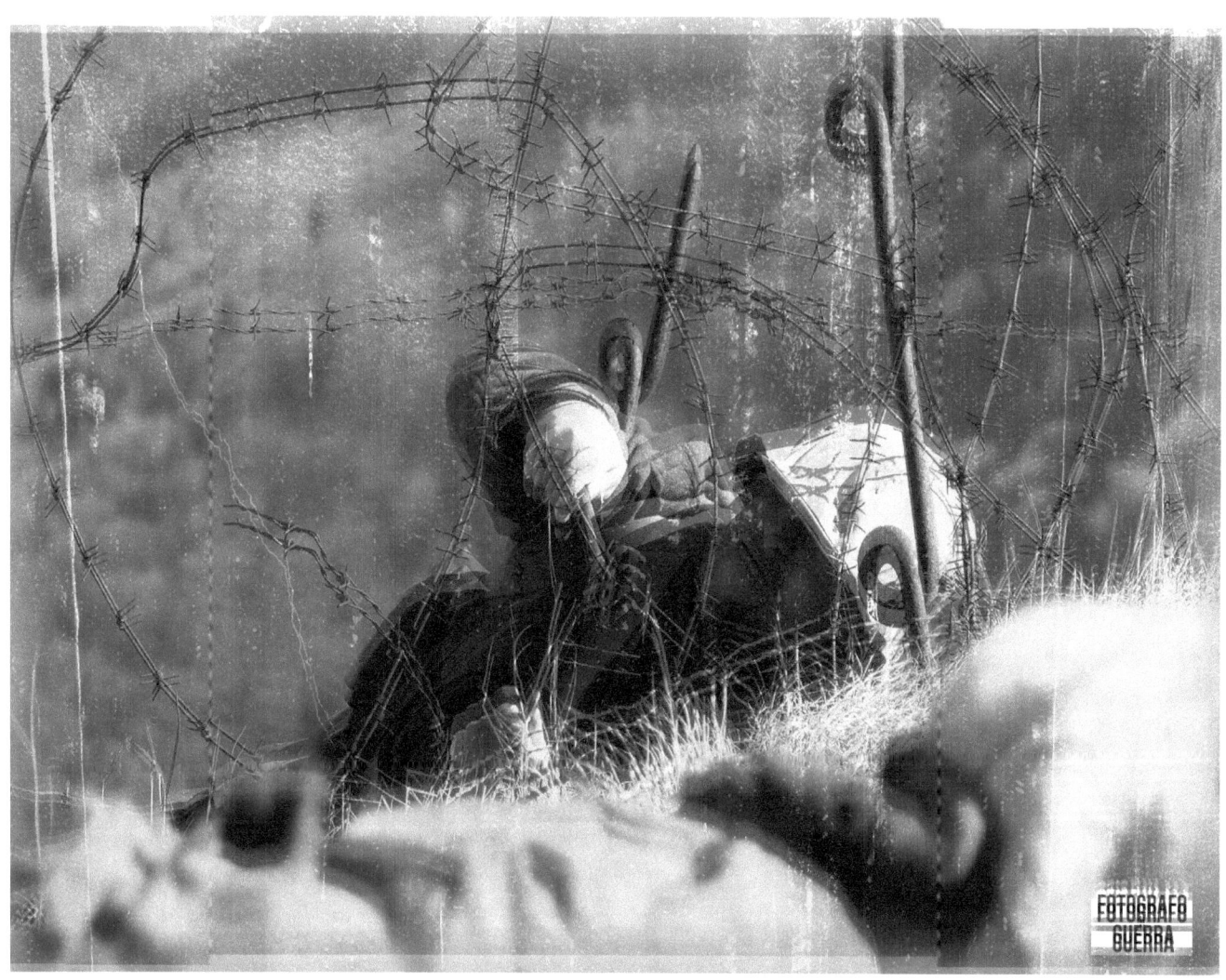

Fotografia di Guerra - Rievocazione sul Fronte del Monte Grappa

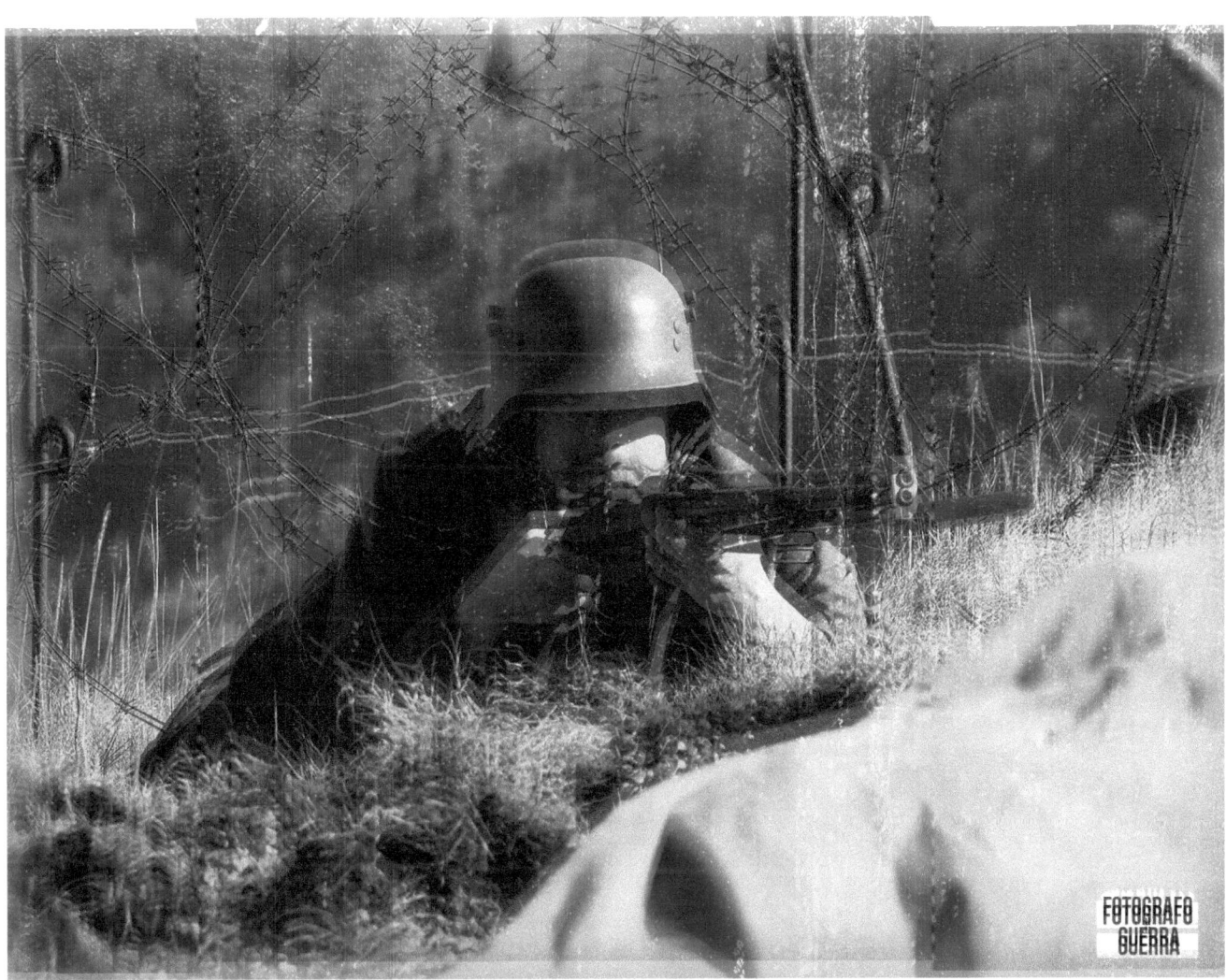

Fotografia di Guerra - Rievocazione sul Fronte del Monte Grappa

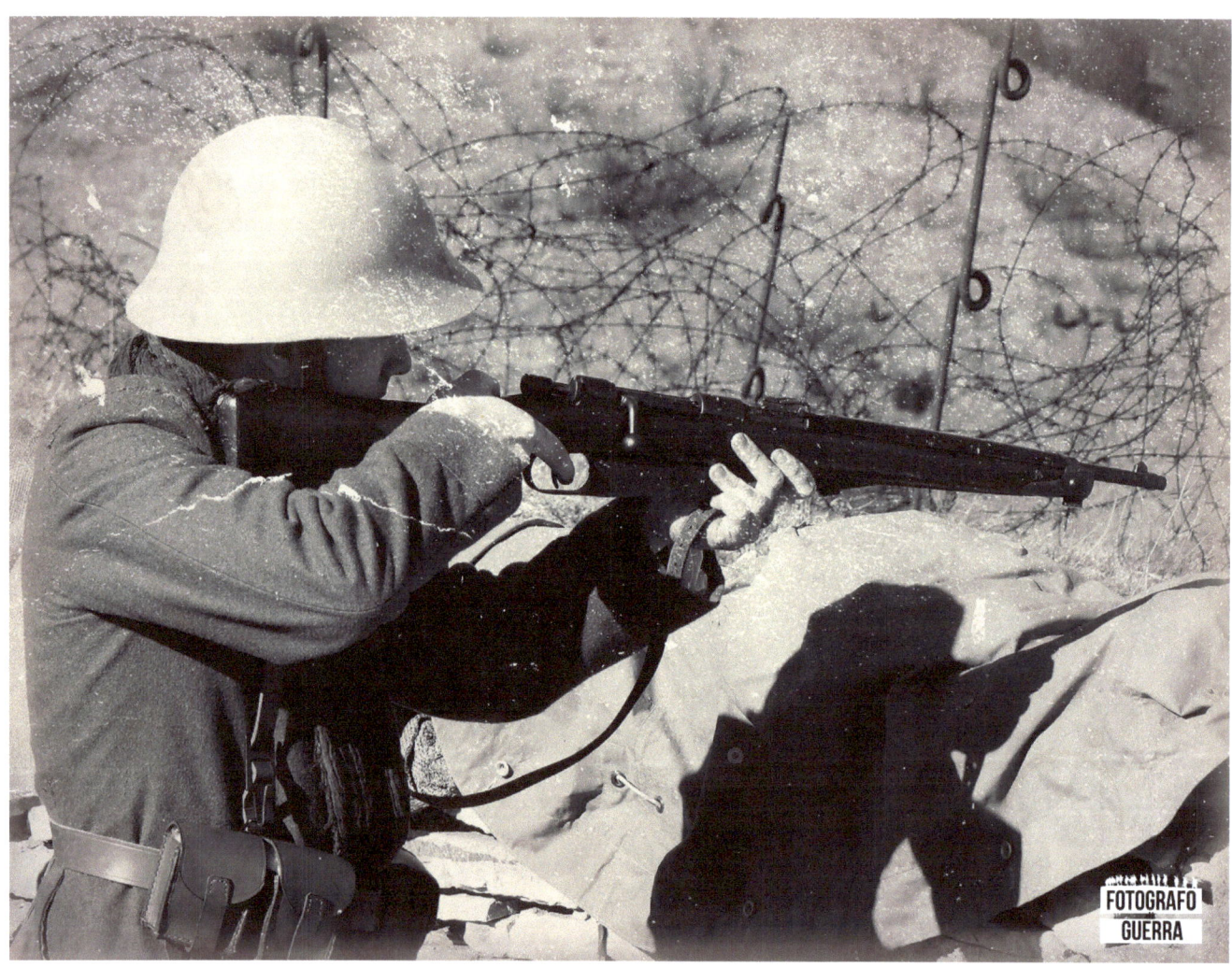

Fotografia di Guerra - Rievocazione sul Fronte del Monte Grappa

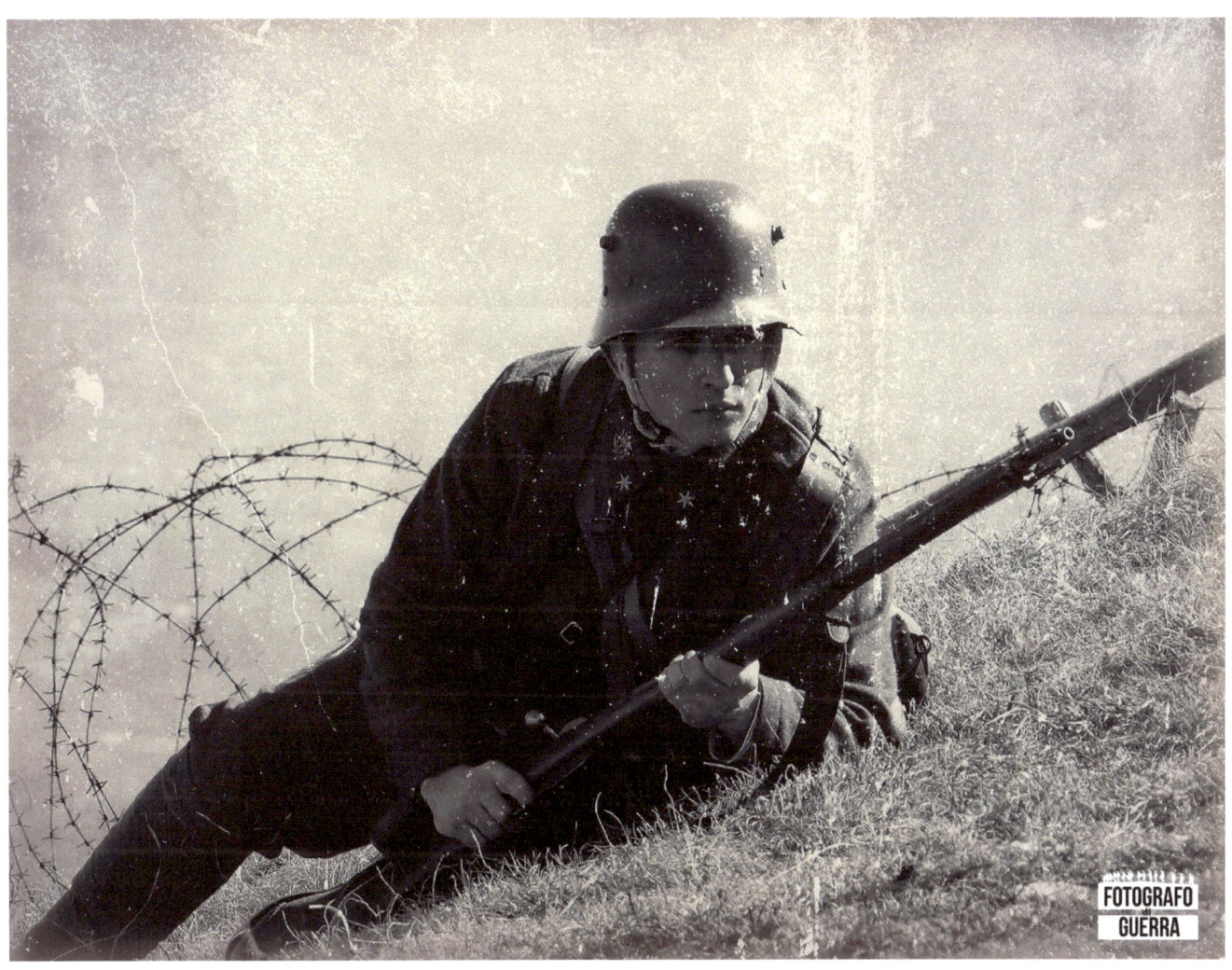

Fotografia di Guerra - Rievocazione sul Fronte del Monte Grappa

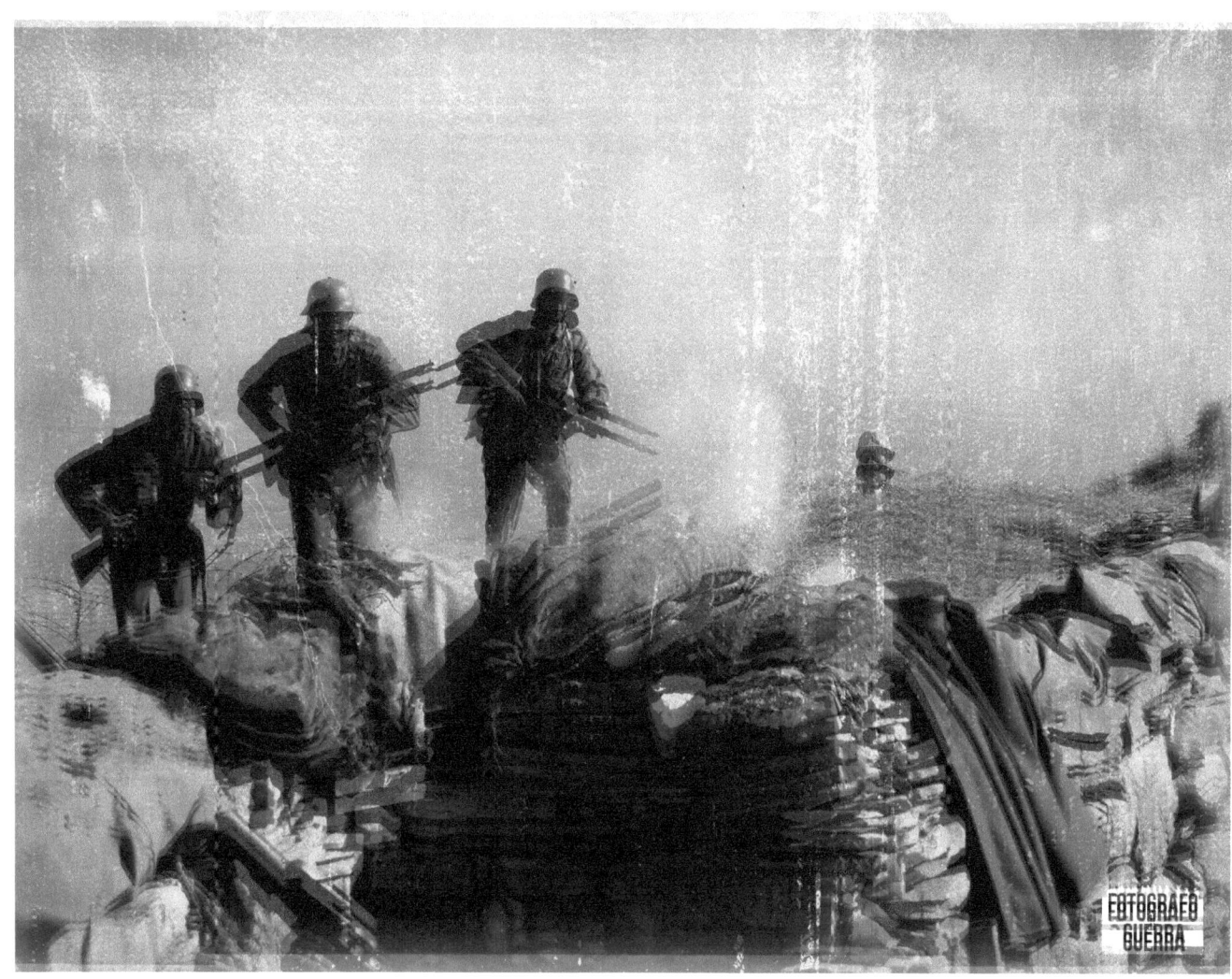

Fotografia di Guerra - Rievocazione sul Fronte del Monte Grappa

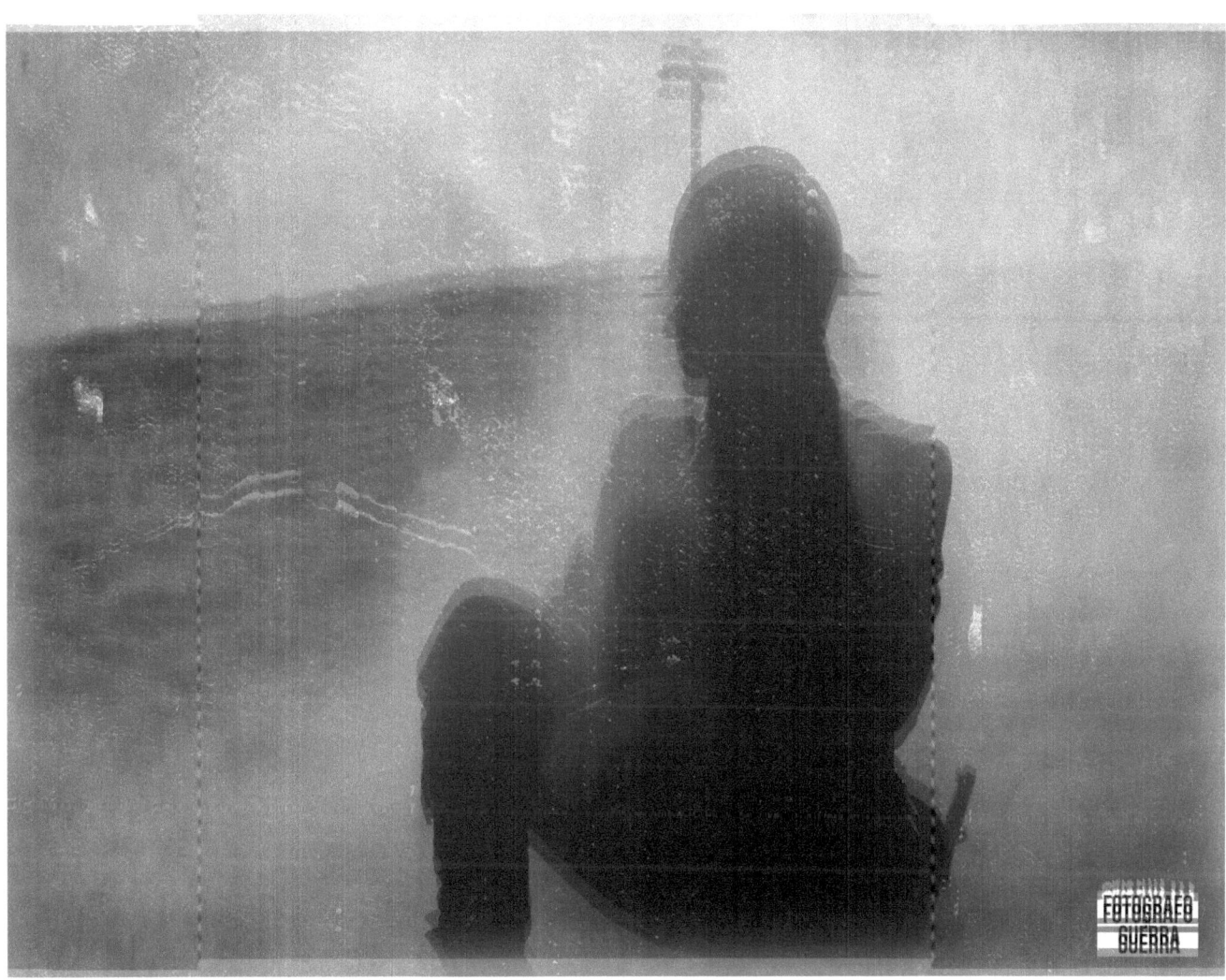

Fotografia di Guerra - Rievocazione sul Fronte del Monte Grappa

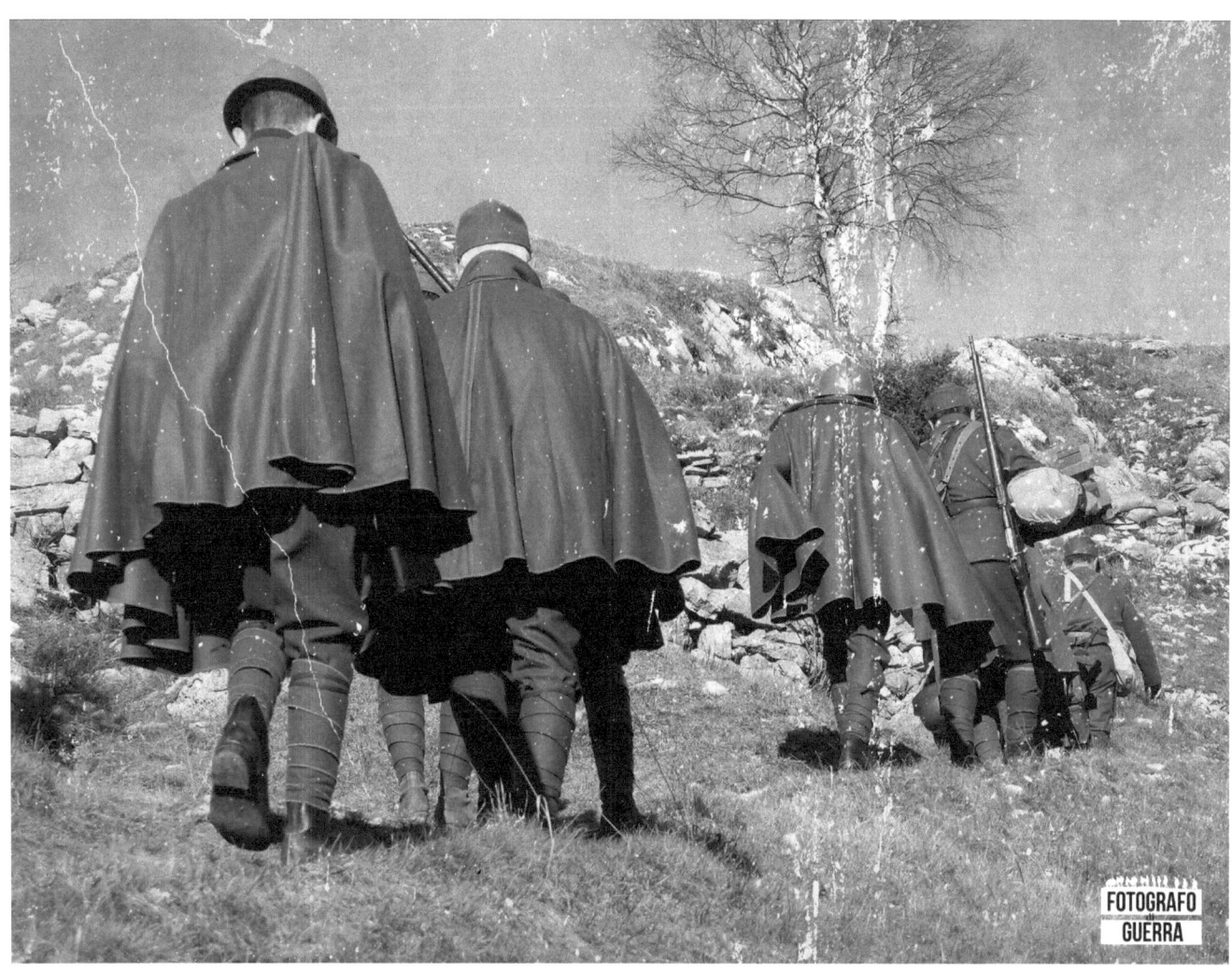

Fotografia di Guerra - Rievocazione sul Fronte del Monte Grappa

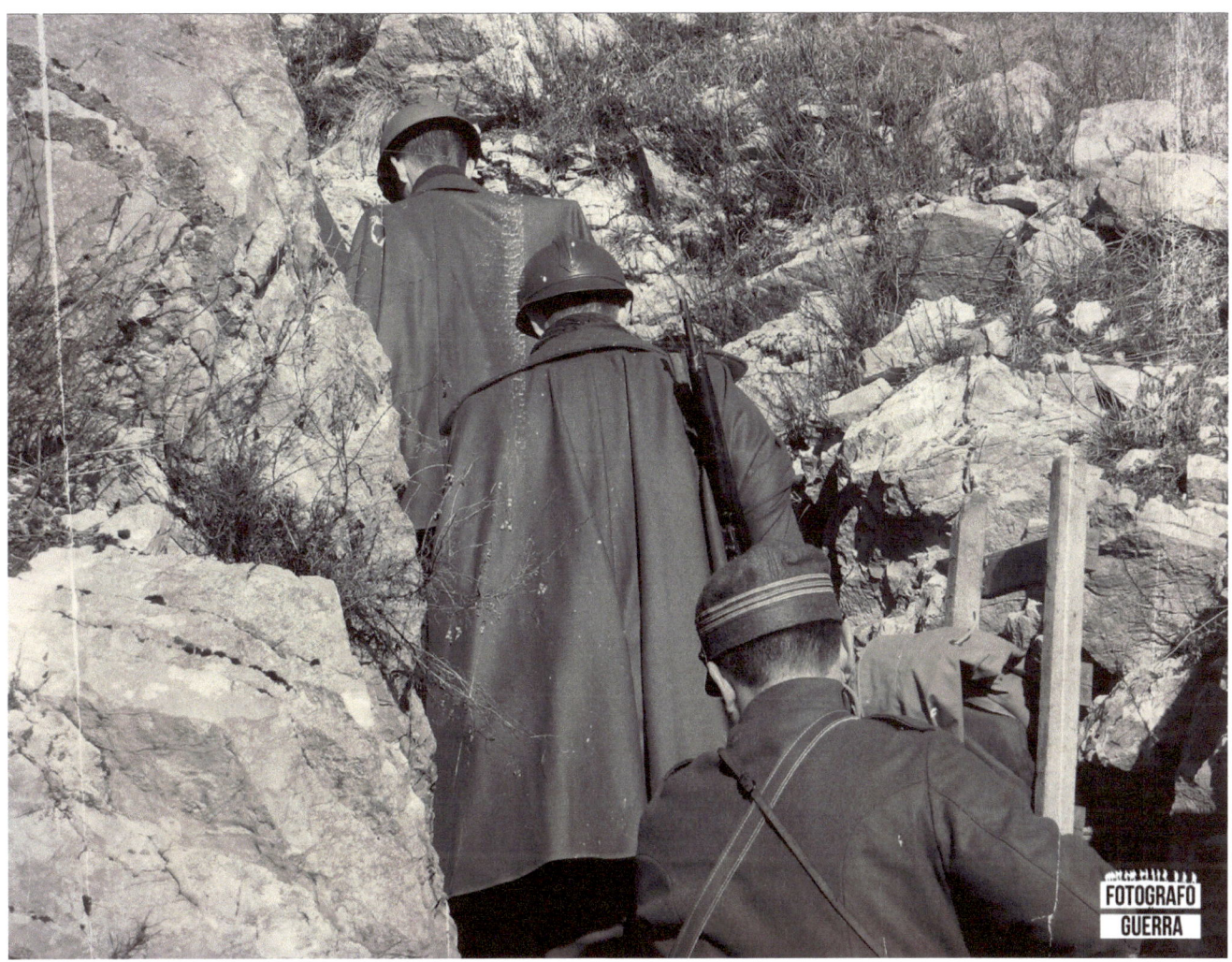

Fotografia di Guerra - Rievocazione sul Fronte del Monte Grappa

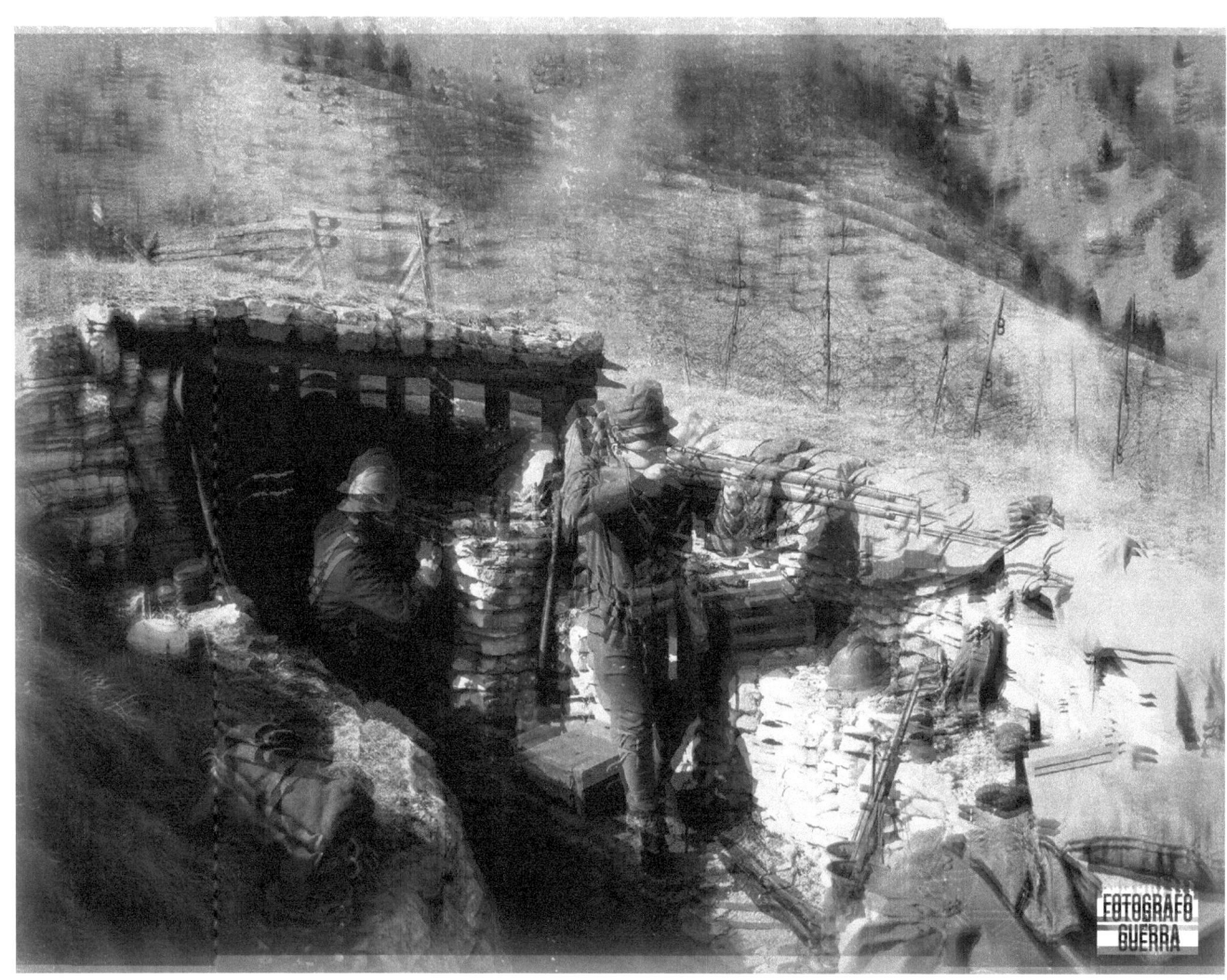

Fotografia di Guerra - Rievocazione sul Fronte del Monte Grappa

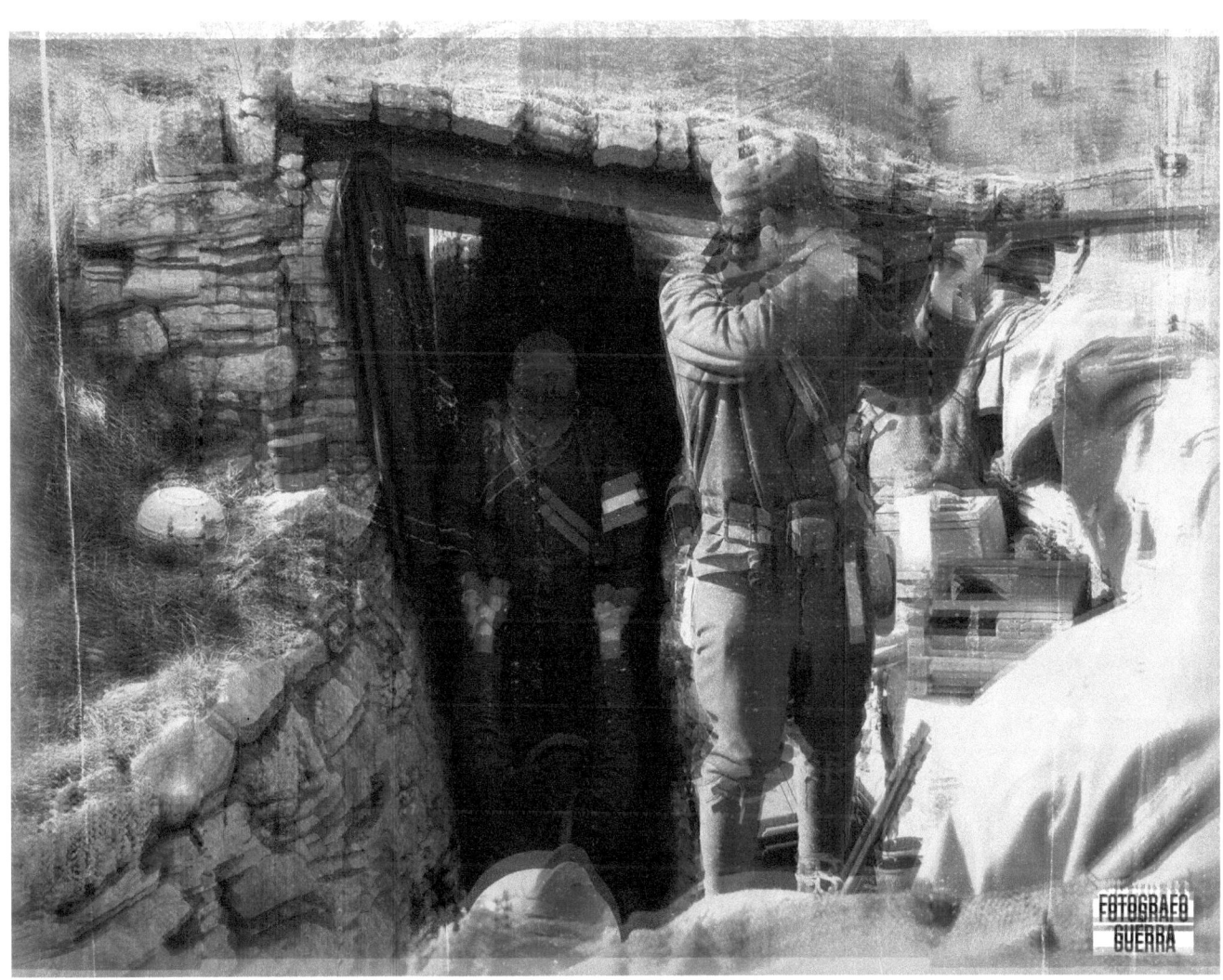

Fotografia di Guerra - Rievocazione sul Fronte del Monte Grappa

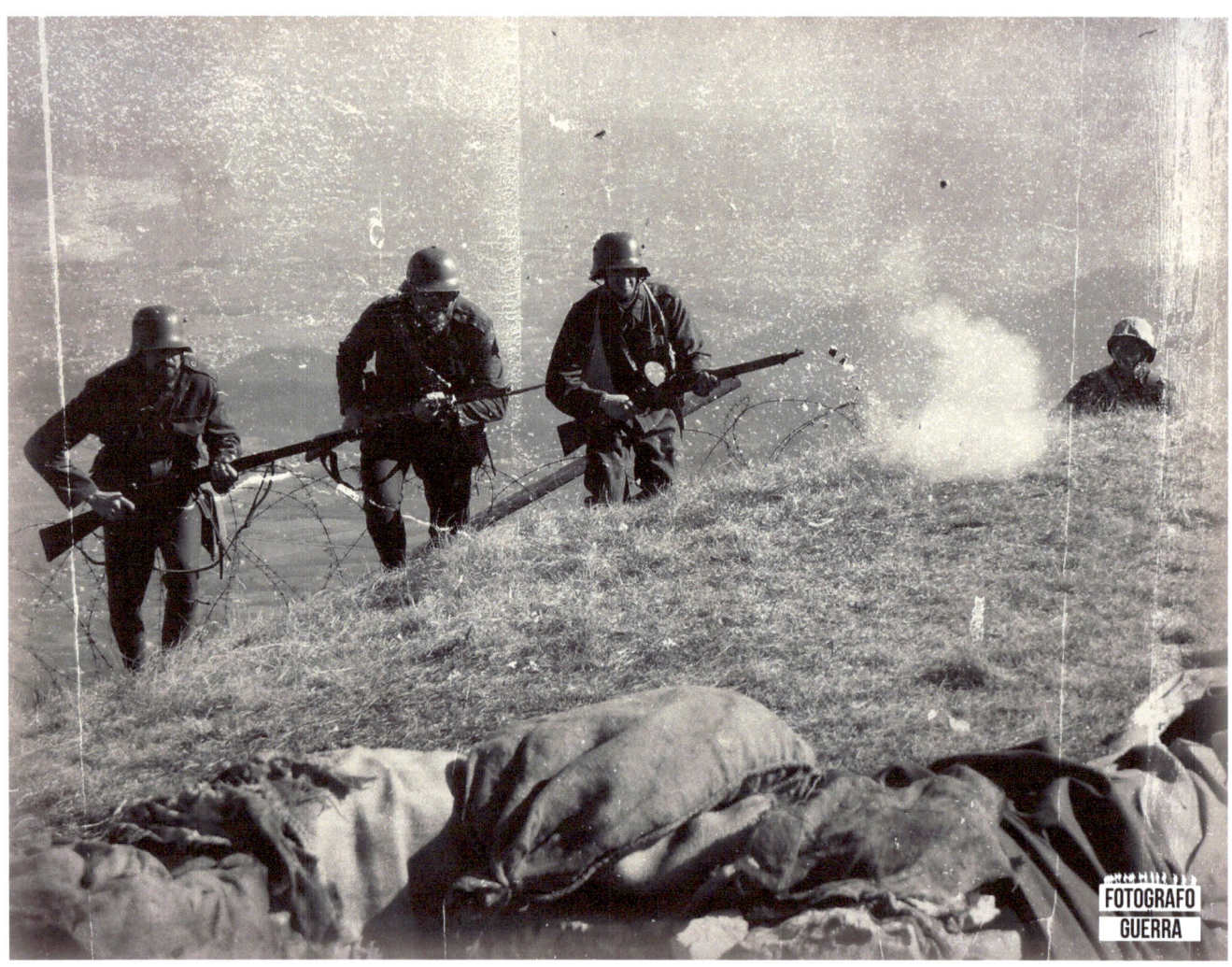

Fotografia di Guerra - Rievocazione sul Fronte del Monte Grappa

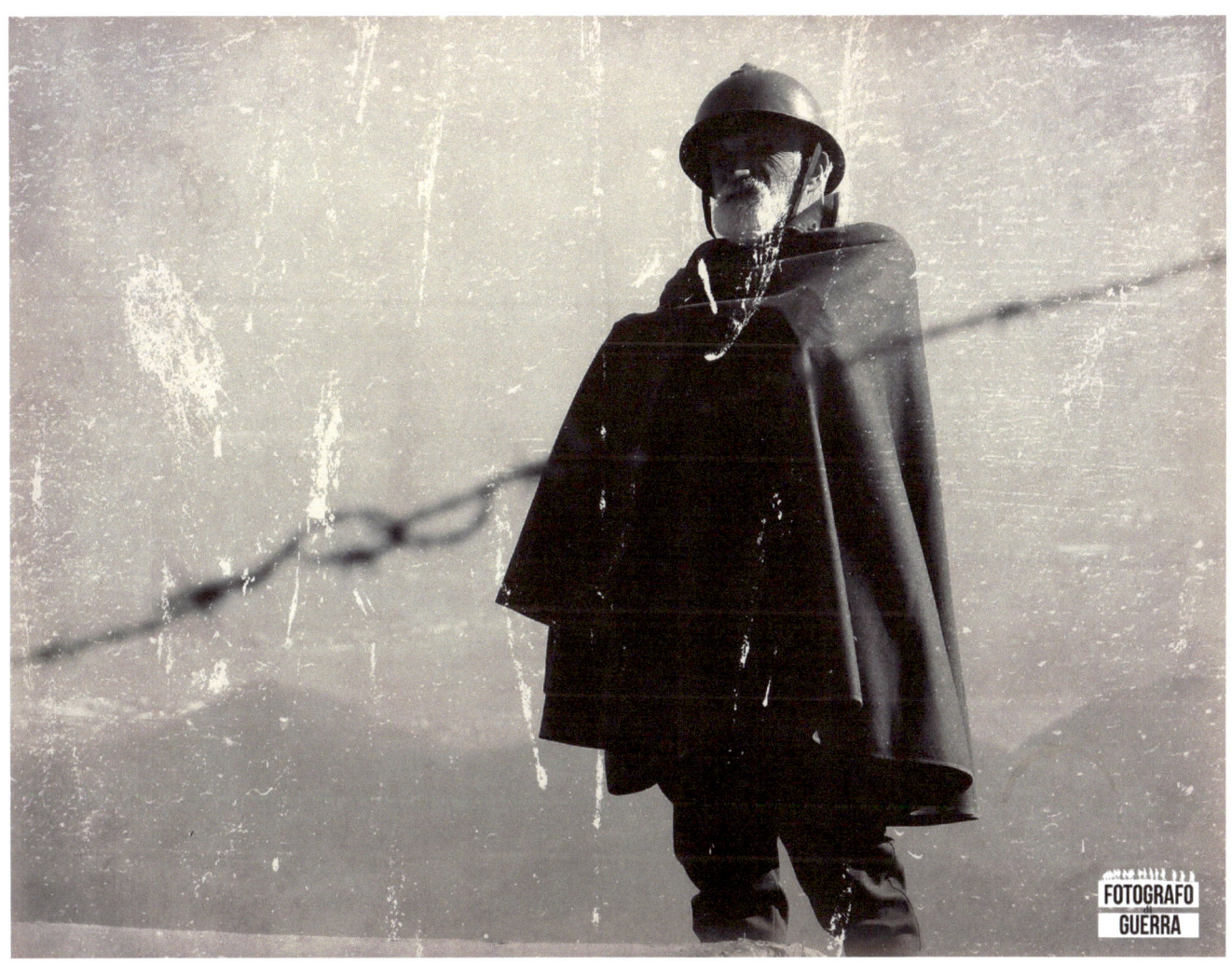

Fotografia di Guerra - Rievocazione sul Fronte del Monte Grappa

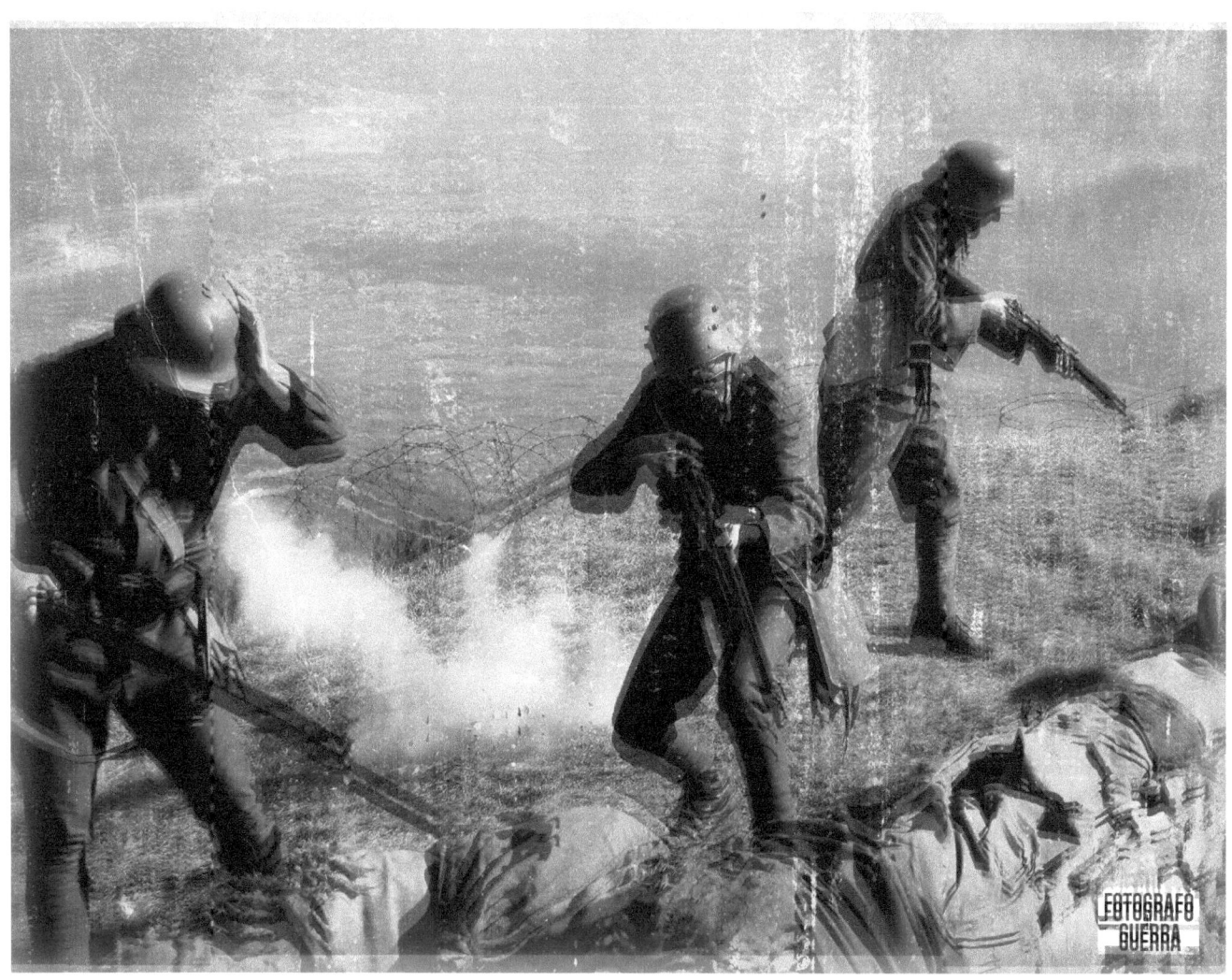

Fotografia di Guerra - Rievocazione sul Fronte del Monte Grappa

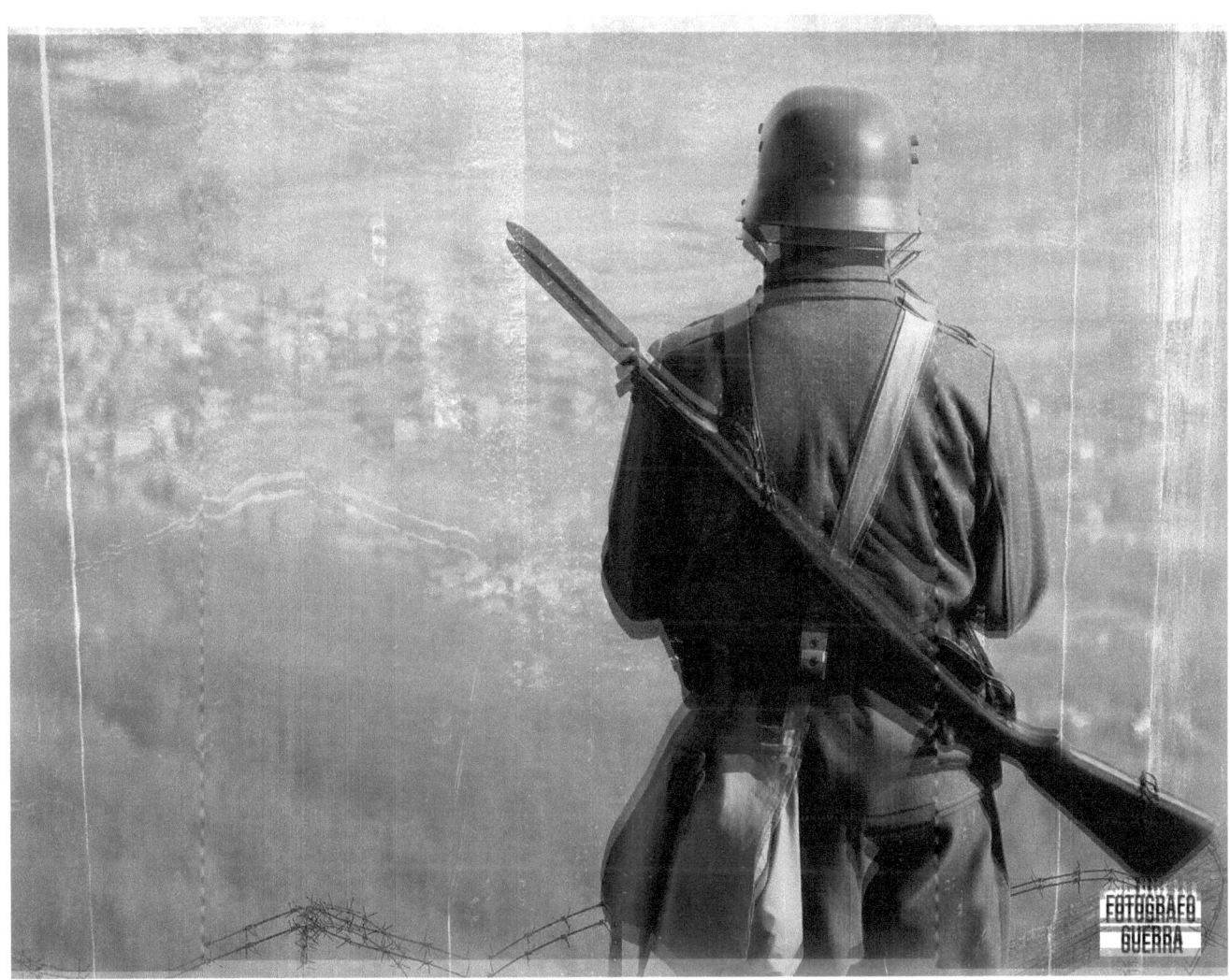

Fotografia di Guerra - Rievocazione sul Fronte del Monte Grappa

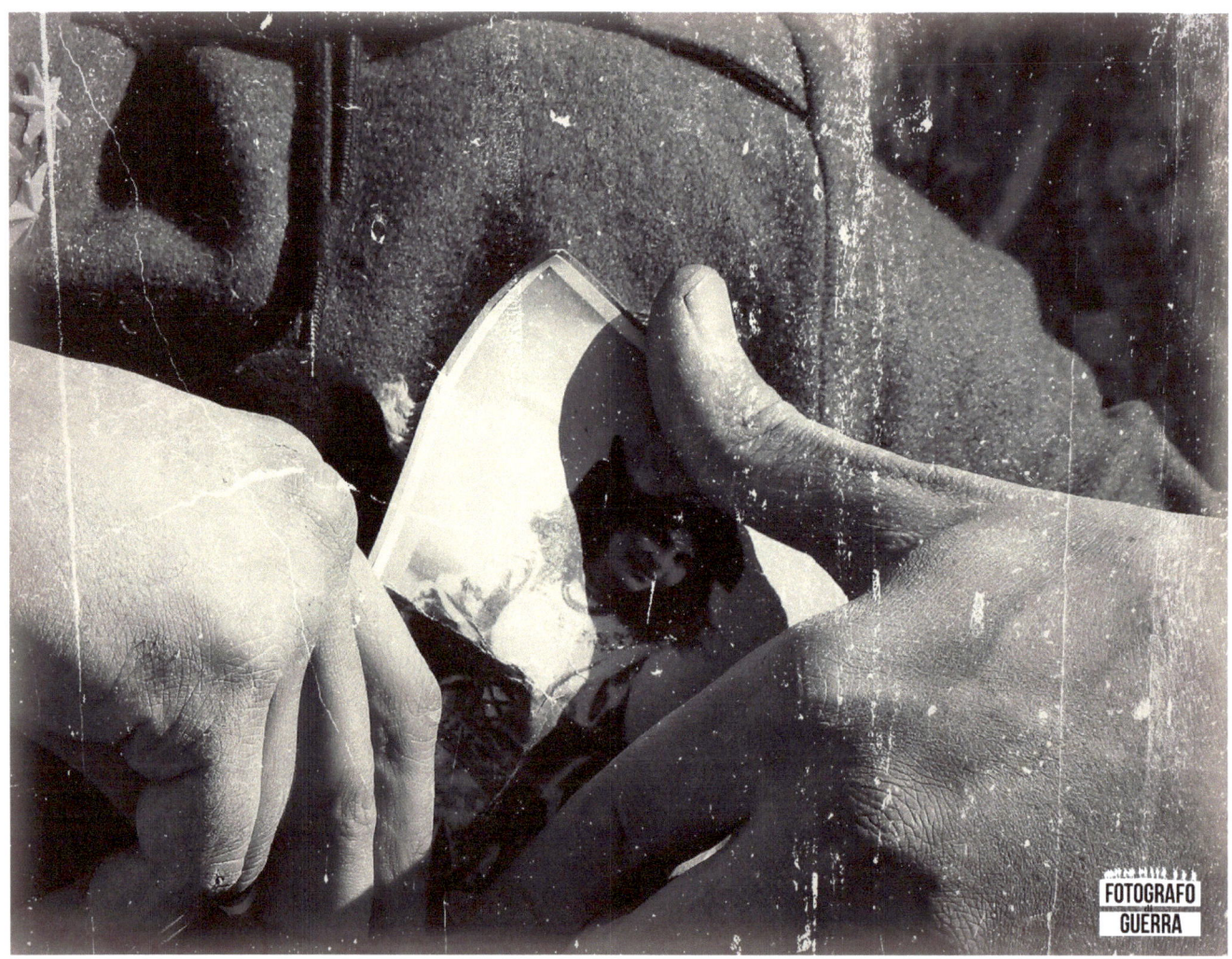

Fotografia di Guerra - Rievocazione sul Fronte del Monte Grappa

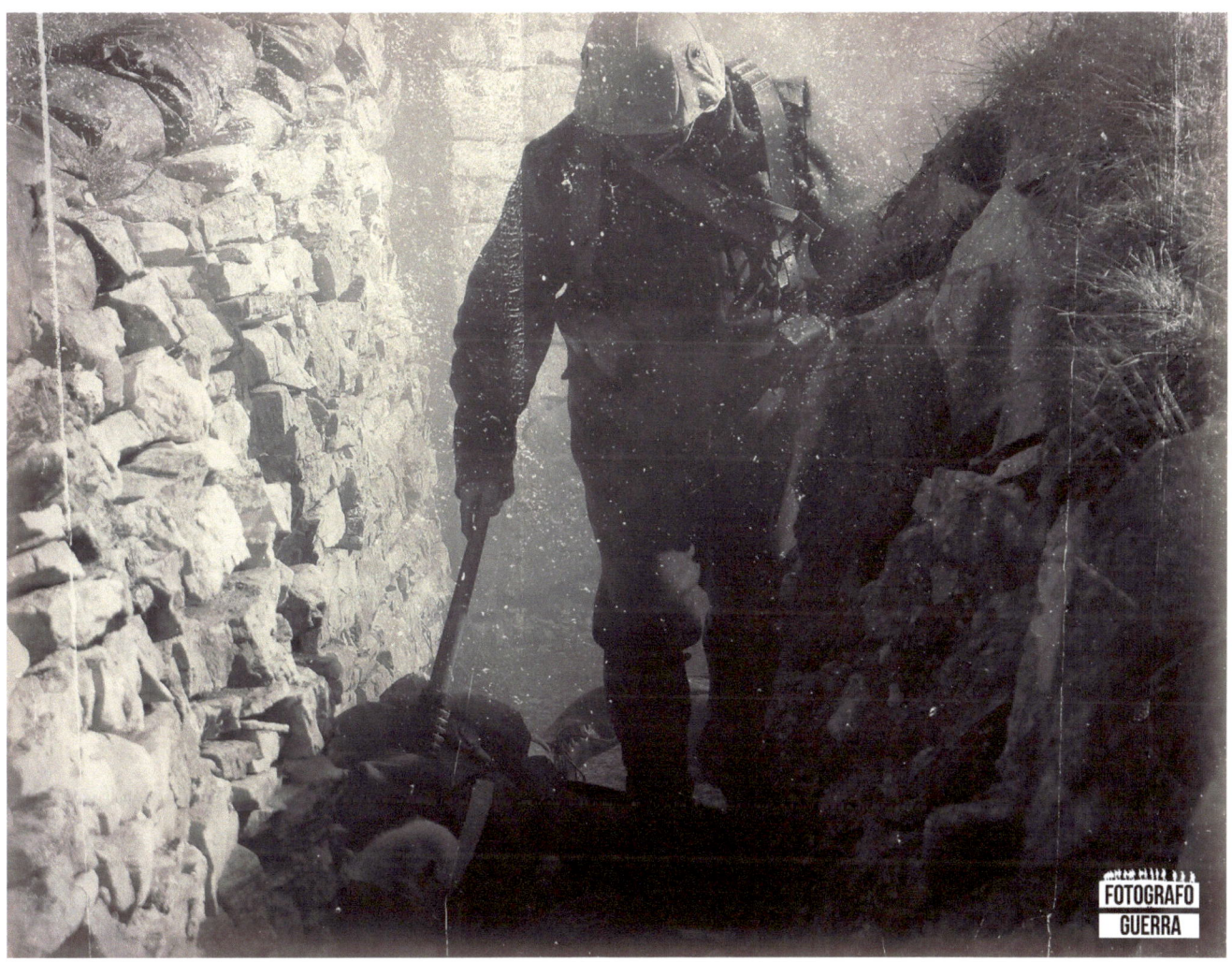

Fotografia di Guerra - Rievocazione sul Fronte del Monte Grappa

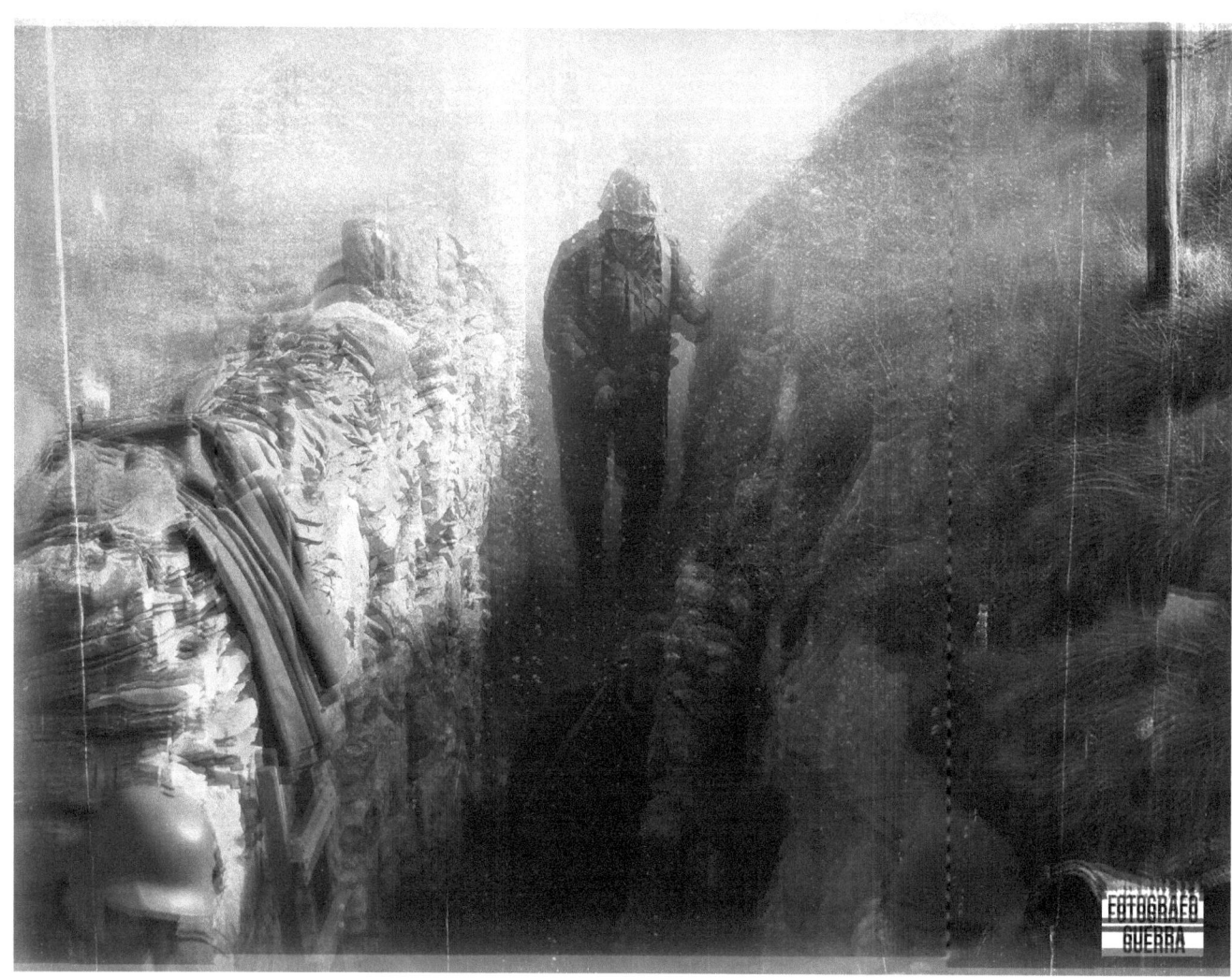

Fotografia di Guerra - Rievocazione sul Fronte del Monte Grappa

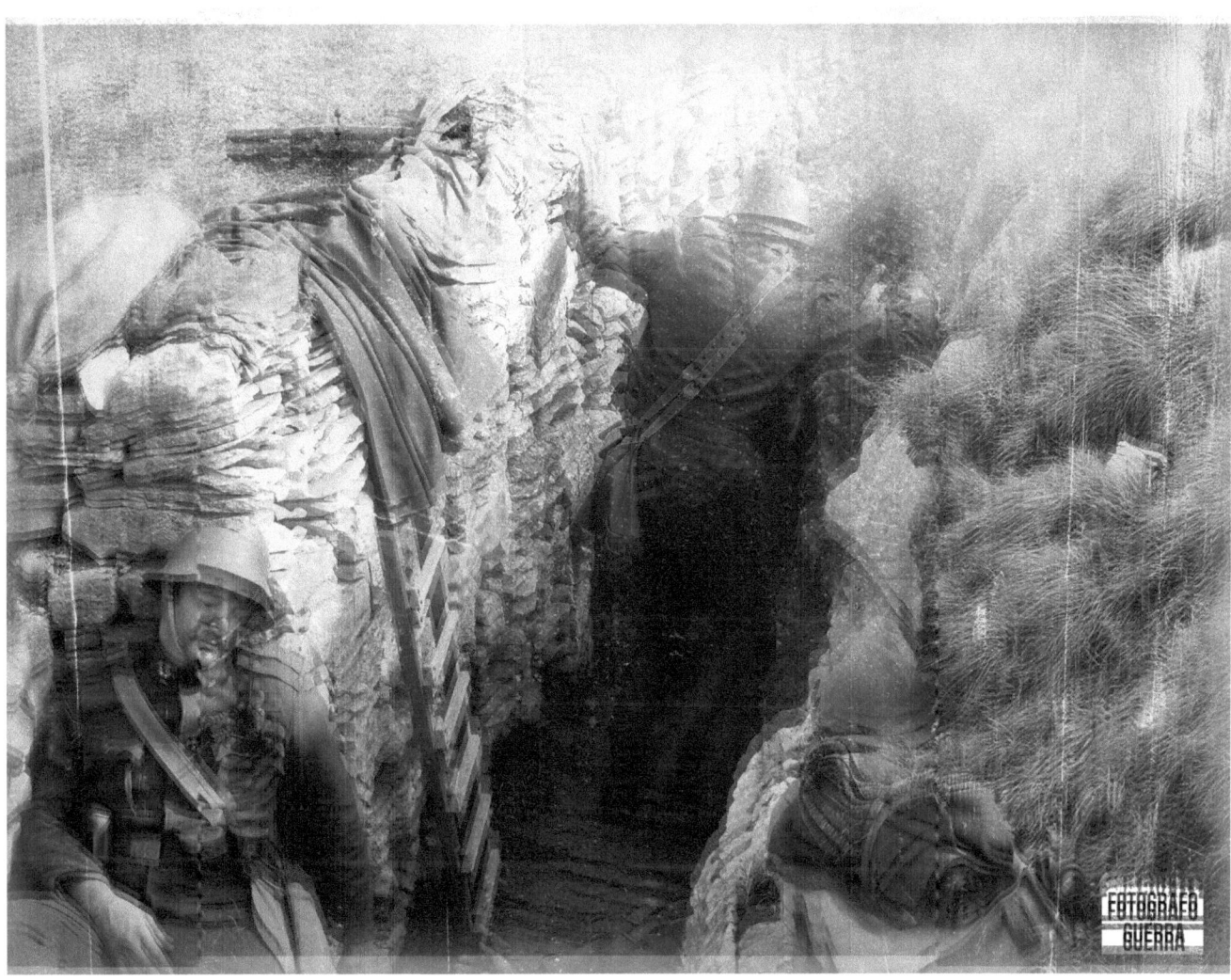

Fotografia di Guerra - Rievocazione sul Fronte del Monte Grappa

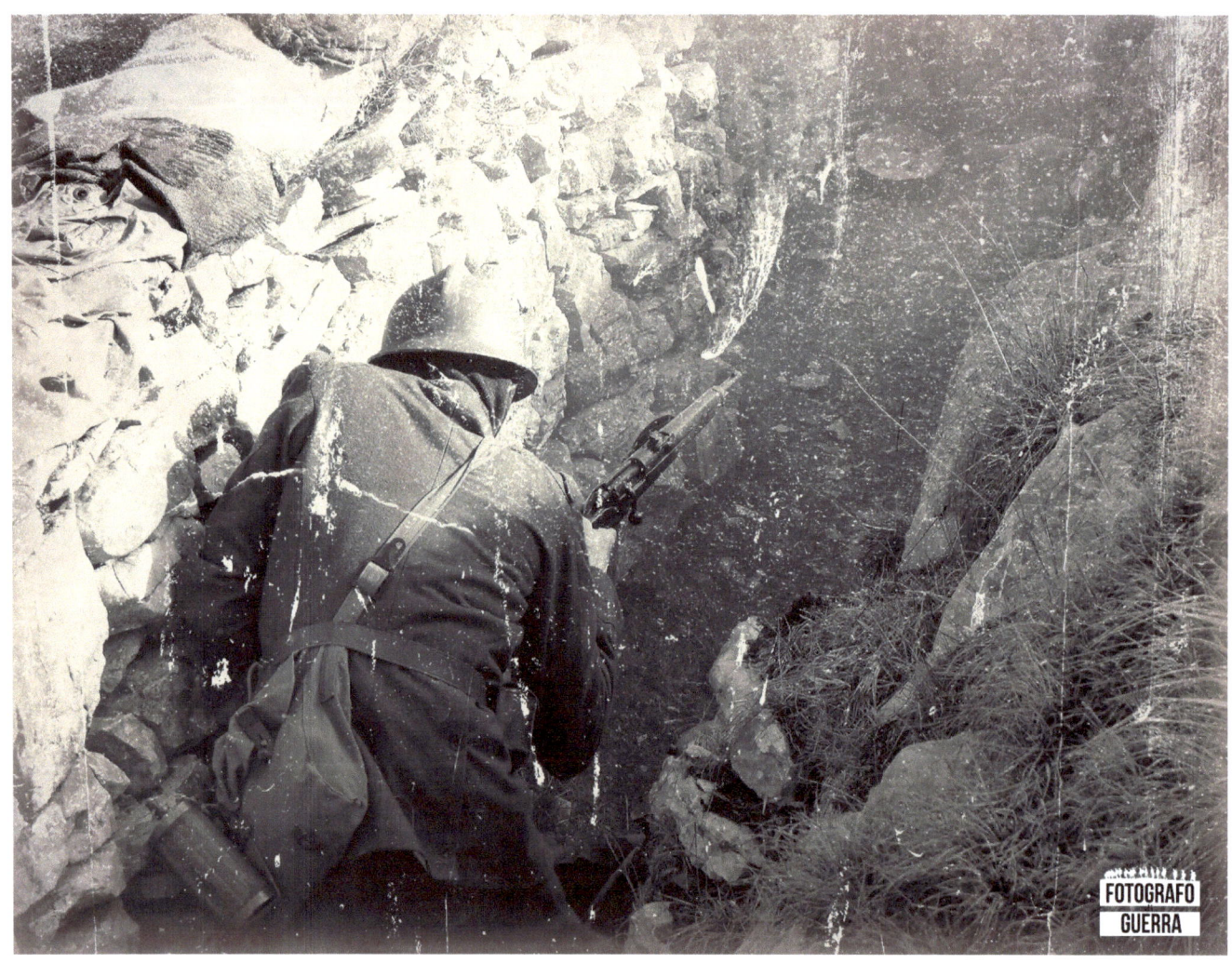

INFORMAZIONI SULL'AUTORE

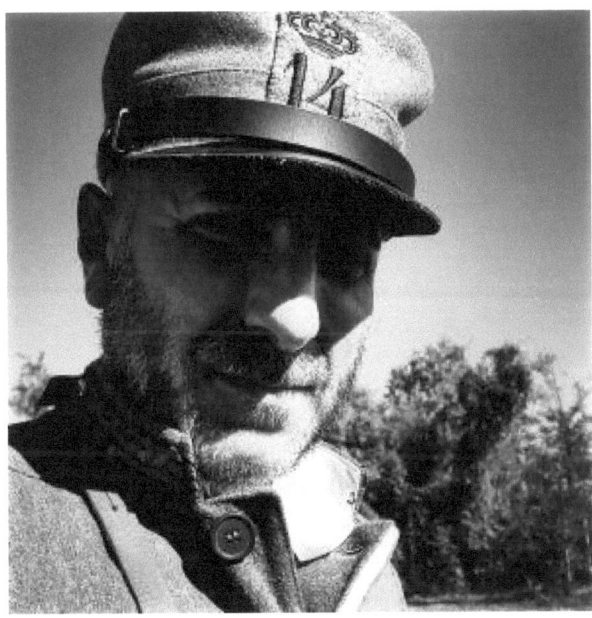

Sono Roberto Cavasin, fotografo specializzato nella rappresentazione dei luoghi storici e la storia in generale con una specializzazione sulla Grande Guerra in Italia.
Trovate maggiori informazioni sul Sito www.fotografodiguerra.it

Sono autore del Libro Fotografico:

Fotografia di guerra.
Viaggio nelle rievocazioni storiche (2019)

Delle Guide:

Bunker e Trincee Lungo il Piave:
14 itinerari nascosti alla scoperta dei Luoghi della Grande Guerra sul fiume sacro alla patria, Il Piave (2020)

Alla Ricerca delle Trincee Nascoste:
14 Suggestivi Itinerari alla scoperta dei Luoghi della Grande Guerra tra Veneto, Friuli Venezia Giulia e Trentino Alto Adige (2020)

www.ingramcontent.com/pod-product-compliance
Lightning Source LLC
Chambersburg PA
CBHW051926210526
45473CB00006B/2151